U0694217

成人高考系列教材

CHENGREN GAOKAO XILIE JIAOCAI

数学

配套练习

SHUXUE
PEITAO LIANXI

主 编 唐 兵 彭 勇 黄 嵚

副主编 程 婷 曾玉梅 罗 平

　　　　吴志慧 雷蜀钧 何 萍

主 审 周弘颖 钟珊珊

参 编（按姓氏笔画排序）

　　　　陈 凤 陈锡志 邵钢清

　　　　张 驰 罗 兰 郑祥云

　　　　侯 季 贺光辉 唐家琼

　　　　黄 梅 瞿仁琼

重庆大学出版社

图书在版编目(CIP)数据

数学配套练习/唐兵,彭勇,黄嵚,主编.--重庆:重庆大学出版社,2017.7(2018.9 重印)
成人高考系列教材
ISBN 978-7-5689-0509-1

Ⅰ.①数… Ⅱ.①唐…②彭…③黄… Ⅲ.①数学—成人高等教育—入学考试—习题集 Ⅳ.①G723.46-44

中国版本图书馆 CIP 数据核字(2017)第 090414 号

成人高考系列教材

数学配套练习

主　编　唐　兵　彭　勇　黄　嵚
副主编　程　婷　曾玉梅　罗　平
　　　　吴志慧　雷蜀钧　何　萍
主　审　周弘颖　钟珊珊

责任编辑:章　可　　　版式设计:章　可
责任校对:秦巴达　　　责任印制:赵　晟

*

重庆大学出版社出版发行
出版人:易树平
社址:重庆市沙坪坝区大学城西路 21 号
邮编:401331
电话:(023) 88617190　88617185(中小学)
传真:(023) 88617186　88617166
网址:http://www.cqup.com.cn
邮箱:fxk@ cqup.com.cn (营销中心)
全国新华书店经销
重庆市国丰印务有限责任公司印刷

*

开本:787mm×1092mm　1/16　印张:10.25　字数:246千
2017 年 7 月第 1 版　　2018 年 9 月第 3 次印刷
ISBN 978-7-5689-0509-1　　定价:23.00 元

本书如有印刷、装订等质量问题,本社负责调换
版权所有,请勿擅自翻印和用本书
制作各类出版物及配套用书,违者必究

前 言

QIANYAN

　　每年有相当数量的学生将参加全国成人高考，进入高校成人教育学院继续学习，成为高技能型人才。 在重庆大学出版社的统一领导和部署下，我市一批有丰富成人高考复习教育教学经验的数学教师，在认真研究《全国成人高考数学考试大纲》和最近几年的成人高考数学考试题的基础上，经过多年的教育教学经验积累，探索出成人高考数学考试题的出题趋势，而编写出这本适用于数学基础不够好、学习时间偏短的学生使用的数学成考配套练习册，以满足学生圆大学梦的愿望。

　　本书的几大特点：

- 本书是数学成考复习主教材的同步练习册；
- 本书分章节按照学生的知识认知特点呈现知识点；
- 每节以【知识点】【例题分析】【练习】【自测题】的方式出现；
- 例题的分析方法结论叙述简明精炼；
- 本书框架结构新颖，适合于数学基础较差的学生练习；
- 本书所配例、习题按照由易到难编排，比较适合自学；
- 本书所配例、习题大多数选自于近几年的成人高考题，具有代表性。

　　本书由唐兵、彭勇、黄钦主编，程婷、曾玉梅、罗平、吴志慧、雷蜀钧、何萍担任副主编，参加编写的还有陈凤、陈锡志、邵钢清、张驰、罗兰、郑祥云、侯季、贺光辉、唐家琼、黄梅、瞿仁琼，周弘颖、钟珊珊担任主审。

　　限于时间紧、经验不够，书中存在错误在所难免，恳请广大使用者批评指正。

《数学》成考教材编写组

2017 年 3 月

言 前

目 录
MULU

☑ **第1部分　代数**

☑ 第2部分　三角函数

☑ 第3部分　平面解析几何

✓ 第4部分 立体几何

第1部分 代 数

第1章 集合与逻辑基础

1.1 集合的概念

知识点

元素的三条性质、特殊的数集合、元素与集合的关系.

例题分析

【例1】 下列关系中,正确的是( ).

    A.$0 \notin \varnothing$ B.$0 \in \varnothing$ C.$0 = \varnothing$ D.$0 \in \{\varnothing\}$

解:空集$\varnothing$不包含任何元素,而 0 是一个元素,故 0 不属于空集$\varnothing$.选 A.

【例2】 下列说法中,正确的是( ).

    A.个子比较高的人可以组成一个集合

    B.$\{a,b,c\}$与$\{b,d,f\}$的并集共有 6 个元素

    C.$\{1,2\} = \{2,1\}$

    D.$-\sqrt{3} \in \mathbf{Q}$

解:A 不满足元素的确定性,“个子比较高”概念模糊,无法确定集合;B 不满足集合的互
异性,$\{a,b,c\} \cup \{b,d,f\} = \{a,b,c,d,f\}$,并集中只有 5 个元素;C 满足集合的无序性;

    D 中$-\sqrt{3}$是无理数,$\mathbf{Q}$是有理数集,故$-\sqrt{3} \notin \mathbf{Q}$.选 C.

【例3】 设 $P = \{x | x \geqslant 1\}$,$a = \sqrt{2}$,则( ).

    A.$\{a\} \in P$ B.$\{a\} \notin P$ C.$a \notin P$ D.$a \in P$

解:$a = \sqrt{2} \approx 1.414 \geqslant 1$,故 a 是集合 P 中的元素.选 D.

练习

1.下列说法中,错误的是( ).

    A.$M = \{1,2\}$与$N = \{2,1\}$表示同一个集合

    B.$A = \{x | x^2 = 1\}$与$B = \{x | |x| = 1\}$表示同一个集合

C.$A=\{x\,|\,x<5,x\in\mathbf{N}\}$ 与 $B=\{1,2,3,4\}$ 表示同一个集合

D.空集的元素个数为 0

2.下列关系中,正确的有(   ).

(1) $-3\in\mathbf{N}$,   (2) $\frac{1}{2}\in\mathbf{Q}$,   (3) $\pi\in\mathbf{Q}$,   (4) $\sqrt{5}\in\mathbf{R}$,   (5) $0\in\mathbf{N}$,   (6) $|-7|\in\mathbf{Z}$.

A.1 个   B.2 个   C.3 个   D.4 个

3.下列集合中,相等的是(   ).

A.$\{x\,|\,x^2=-1\}$ 与 $\varnothing$ B.$\{x\,|\,0<x<5\}$ 与 $\{1,2,3,4\}$

C.$\{(1,4)\}$ 与 $\{(4,1)\}$ D.$\{0\}$ 与 $\varnothing$

4.由全体偶数构成的集合为(   ).

A.$\{x\,|\,x=2k,k\in\mathbf{R}\}$ B.$\{x\,|\,x=2k,k\in\mathbf{N}\}$

C.$\{x\,|\,x=2k,k\in\mathbf{Q}\}$ D.$\{x\,|\,x=2k,k\in\mathbf{Z}\}$

5.平面直角坐标系中,点 $P(-1,3)$ 属于下列哪个集合?(   )

A.$\{(x,y)\,|\,xy>0\}$ B.$\{(x,y)\,|\,x<0$ 且 $y>0\}$

C.$\{(x,y)\,|\,x<0\}$ D.$\{(x,y)\,|\,x<0$ 或 $y>0\}$

6.设集合 $A=\{-2,y,x^2\}$ 与集合 $B=\{0,x,4\}$ 相等,求 x 和 y.

1.2   集合的表示法

知识点

列举法、描述法、Venn 图法、图像法.

例题分析

【例1】 方程组 $\begin{cases}2x+y=-1\\x-3y=-11\end{cases}$ 的解集为(   ).

A.$\{(-2,3)\}$ B.$\{-2,3\}$ C.$\{(3,-2)\}$ D.$\{3,2\}$

解:方程组 $\begin{cases}2x+y=-1\\x-3y=-8\end{cases}$ 的解为 $\begin{cases}x=-2\\y=3\end{cases}$,该解为一组有序实数对.选 A.

【例2】 由大于 -2 且小于 7 的偶数所组成的集合为(   ).

A.$\{x\,|\,-2<x<7\}$ B.$\{x\,|\,-2<x<7,x\in\mathbf{N}\}$

C.$\{x\,|\,-2<x<7,x=2k,k\in\mathbf{Z}\}$ D.$\{x\,|\,-2<x<7,x=2k,k\in\mathbf{R}\}$

解:所有偶数都是整数,反之不然;0 是偶数.选 C.

【例3】 平面直角坐标系中,坐标轴上的所有点组成的集合是(   ).

A.$\{(x,y)\,|\,x=0\}$ B.$\{(x,y)\,|\,y=0\}$

C.$\{(x,y)\,|\,x=0$ 且 $y=0\}$ D.$\{(x,y)\,|\,x=0$ 或 $y=0\}$

解: x 轴上的点满足 $y=0$, y 轴上的点满足 $x=0$. 选 D.

▷ **练 习** ▶▶

1. 填空题.

(1) 用列举法表示 $\{x\mid 0<x\leq 6, k\in\mathbf{N}\}$ 为 _____.

(2) 不等式 $4x-3>0$ 的解集为 _____.

(3) 方程 $x^2-2x-3=0$ 的解集为 _____.

(4) 平面直角坐标系中, 第四象限所有点组成的集合为 _____.

2. 下列集合中, 只有一个元素的是 (　　).

　A. $\{(x,y)\mid x=0\}$　　　　　　　B. $\{(x,y)\mid y=0\}$

　C. $\{(x,y)\mid x=0$ 且 $y=0\}$　　　D. $\{(x,y)\mid x=0$ 或 $y=0\}$

3. 分别用列举法和描述法表示以下集合.

(1) $x^2-16=0$ 的解集;　　　　　(2) 大于 -2 且不超过 10 的所有整数;

(3) 方程组 $\begin{cases} x+2y=5 \\ x-y=-1 \end{cases}$ 的解集.

1.3　集合之间的关系

▷ **知识点** ▶▶

子集、真子集、相等.

▷ **例题分析** ▶▶

【例 1】　$\{a,b,c\}$ 的非空真子集个数为 (　　).

　　　　A. 5 个　　　　B. 6 个　　　　C. 7 个　　　　D. 8 个

解: $\{a,b,c\}$ 的子集有 8 个, 除去 $\{a,b,c\}$ 和 $\varnothing$, 共有 6 个非空真子集. 选 B.

【例 2】　下列关系中, 正确的是 (　　).

　　　　A. $\{0\}\subseteq\varnothing$　　B. $\{0\}\subseteq\{\varnothing\}$　　C. $\{0\}\supseteq\varnothing$　　D. $\{0\}\supseteq\{\varnothing\}$

解: $\varnothing$ 是没有任何元素的集合, 是任何集合的子集. 选 C.

【例 3】　设集合 $M=\{(x,y)\mid x>0$ 且 $y>0\}$, $N=\{(x,y)\mid xy>0\}$, 则 (　　).

　　　　A. $N\subseteq M$　　B. $M\subseteq N$　　C. $N=M$　　D. $N\cup M=M$

解: M 表示第一象限所有点构成的集合, N 表示第一象限和第三象限所有点构成的集合. 选 B.

【例 4】　设 $A=\left\{x\mid x<\dfrac{2}{a}\right\}$, $B=\{x\mid x\leq 3\}$, 且 $A\subseteq B$, 则 a 的取值范围是 (　　).

$$A. a \geqslant \frac{3}{2} \qquad B. a > \frac{3}{2} \qquad C. a \leqslant \frac{2}{3} \qquad D. a < 0 \text{ 或 } a \geqslant \frac{2}{3}$$

解: $A \subseteq B, \dfrac{2}{a} \leqslant 3,$

分情况讨论: ①当 $a < 0$ 时, $\dfrac{2}{a} \leqslant 3 \Rightarrow a \leqslant \dfrac{2}{3}$, 故 $a < 0$,

②当 $a > 0$ 时, $\dfrac{2}{a} \leqslant 3 \Rightarrow a \geqslant \dfrac{2}{3}$, 故 $a \geqslant \dfrac{2}{3}$.

综上所述 a 的取值范围是 $a < 0$ 或 $a \geqslant \dfrac{2}{3}$. 选 D.

练 习

1. 设 $M = \{x \mid x = 2k, k \in \mathbf{Z}\}, N = \{x \mid x = 4k, k \in \mathbf{Z}\}$, 则(　　).

　A. $M \subseteq N$ 　　　　B. $N \subseteq M$ 　　　　C. $N = M$ 　　　　D. 以上均不正确

2. $A = \{$平行四边形$\}, B = \{$菱形$\}, C = \{$正方形$\}$, 则下列表述中正确的是(　　).

　A. $A \subseteq B$ 　　　　B. $A \subseteq C$ 　　　　C. $C \subseteq B$ 　　　　D. $B \subseteq C$

3. 下列式子中正确的是(　　).

　A. $\varnothing \subseteq \{0\}$ 　　　B. $\mathbf{Q} \subseteq \mathbf{N}$ 　　　C. $\{x \mid |x| = 0\} \subseteq \{0,1\}$ 　D. $N \subseteq M \cap N$

4. 若 $\{x \mid x > 3\} \subseteq \{x \mid x > a\}$, 则 a 的取值范围是(　　).

　A. $(-\infty, 3)$ 　　　B. $[3, +\infty)$ 　　　C. $(-\infty, 3]$ 　　　D. $(3, +\infty)$

5. 写出集合 $\{1,2\}$ 的所有子集, 并确定非空真子集的个数.

6. 若 $A = \{2, x, y-1\}, B = \{1, 2x, 3, 5\}$, 且 $A \subseteq B$, 求 x, y 的值.

1.4　集合的运算关系

知识点

集合的并、交、补运算.

例题分析

【例1】　集合 A 是不等式 $3x + 1 \geqslant 0$ 的解集, 集合 $B = \{x \mid x < 1\}$, 则集合 $A \cap B = ($　　$)$.

　　A. $\{x \mid -1 \leqslant x < 1\}$ 　B. $\left\{x \mid -\dfrac{1}{3} \leqslant x < 1\right\}$ 　C. $\{x \mid -1 < x \leqslant 1\}$ 　D. $\left\{x \mid -\dfrac{1}{3} < x \leqslant 1\right\}$

解: $A \cap B = \left\{x \mid -\dfrac{1}{3} \leqslant x < 1\right\}$. 选 B.

【例2】　已知集合 $A=\{1,2,3,4\}$，$B=\{x\mid-1<x<3\}$，则集合 $A\cap B=$（　　）.

A.$\{0,1,2\}$　　　　B.$\{1,2\}$　　　　C.$\{1,2,3\}$　　　　D.$\{-1,0,1,2\}$

解：$A\cap B=\{1,2\}$.选 B.

【例3】　设集合 $M=\{x\mid x\geqslant-3\}$，$N=\{x\mid x\leqslant1\}$，则集合 $M\cap N=$（　　）.

A.$\mathbf{R}$　　　　　　　　　　　　　B.$(-\infty,-3]\cup[1,+\infty)$

C.$[-3,1]$　　　　　　　　　　　　D.$\varnothing$

解：$M\cap N=[-3,1]$.选 C.

【例4】　设 $U=\mathbf{R}$，$M=\{x\mid x^2-2x>0\}$，则集合 $C_UM=$（　　）.

A.$[0,2]$　　　　　　　　　　　　B.$(0,2)$

C.$(-\infty,1)\cup(2,+\infty)$　　　　　　D.$(-\infty,1]\cup[2,+\infty)$

解：因为 $M=(-\infty,0)\cup(2,+\infty)$，所以 $C_UM=[0,2]$.选 A.

【例5】　已知集合 $A=\{(x,y)\mid2x+3y=1\}$，$B=\{(x,y)\mid3x-y=7\}$，则 $A\cap B=$（　　）.

A.$\{(2,-1)\}$　　　B.$\{(-1,2)\}$　　　C.$\{2,-1\}$　　　D.$\{-1,2\}$

解：联立方程组 $\begin{cases}2x+3y=1\\3x-y=7\end{cases}$ 解得 $\begin{cases}x=2\\y=-1\end{cases}$，故 $A\cap B=\{(2,-1)\}$.选 A.

练习

1.设集合 $M=\{2,5,8\}$，$N=\{6,8\}$，则 $M\cup N=$（　　）.

A.$\{8\}$　　　　B.$\{6\}$　　　　C.$\{2,5,6,8\}$　　　D.$\{2,5,6\}$

2.设全集 $M=\{1,2,3,4,5\}$，$N=\{2,4,6\}$，$T=\{4,5,6\}$，则 $(M\cap T)\cup N$ 是（　　）.

A.$\{2,4,5,6\}$　　B.$\{4,5,6\}$　　　C.$\{1,2,3,4,5,6\}$　　D.$\{2,4,6\}$

3.设集合 $M=\{-1,0,1,2,8\}$，$N=\{x\mid x\leqslant2\}$，则 $M\cap N=$（　　）.

A.$\{0,1,2\}$　　　B.$\{-1,0,1\}$　　　C.$\{-1,0,1,2\}$　　　D.$\{0,1\}$

4.设集合 $A=\{x\mid-2<x\leqslant3\}$，$B=\{x\mid-1<x<5\}$，则 $A\cap B=$（　　）.

A.$\{x\mid-1<x\leqslant3\}$　B.$\{x\mid-2<x<3\}$　　C.$\{x\mid-2<x<5\}$　　D.$\{x\mid3\leqslant x<5\}$

5.设集合 $A=\{x\mid x>3\}$，$B=\{x\mid x\leqslant-2\}$，则 $A\cup B=$（　　）.

A.$\varnothing$　　　　B.$\{x\mid x>3\}$　　　C.$\{x\mid x\leqslant-2,x>3\}$　　D.$\{x\mid-2\leqslant x<3\}$

6.已知 $A=\{(x,y)\mid2x+y=5\}$，$B=\{(x,y)\mid x-y=-2\}$，则 $A\cap B=$（　　）.

A.$\varnothing$　　　　B.$\{(1,3)\}$　　　C.$\{(2,4)\}$　　　D.$\{(2,1)\}$

7.已知 $U=\mathbf{R}$，$A=\{x\mid-1\leqslant x<2\}$，则 $C_UA=$（　　）.

A.$\{x\mid x\leqslant2\}$　　B.$\{x\mid\geqslant-1\}$　　　C.$\{x\mid x\leqslant-1$ 或 $x>2\}$　D.$\{x\mid x<-1$ 或 $x\geqslant2\}$

1.5　区　间

知识点

区间的含义和表示法.

例题分析

【例1】 已知集合 $A=(-\infty,2)$，$B=[-5,+\infty)$，求 $A\cap B$.

解：$A=(-\infty,2)=\{x\mid x<2\}$，$B=[-5,+\infty)=\{x\mid x\geqslant-5\}$

$A\cap B=\{x\mid-5\leqslant x<2\}=[-5,2)$.

【例2】 函数 $y=\dfrac{1}{x-5}$ 的定义域为（　　）.

　　　　A.$(-\infty,5)$　　　　B.$(-\infty,+\infty)$　　　　C.$(5,+\infty)$　　　　D.$(-\infty,5)\cup(5,+\infty)$

解：要使函数 $y=\dfrac{1}{x-5}$ 有意义，则分母不为 0，定义域为 $(-\infty,5)\cup(5,+\infty)$.选 D.

练习

1.用区间表示下列集合.

(1)$\{x\mid x>3\}$；　(2)$\{x\mid-1<x<1\}$；　(3)$\{x\mid x<-1\}$；　(4)$\{x\mid x<-1$ 或 $x\geqslant4\}$.

2.不等式组 $\begin{cases}3x-2>7\\4-5x>-21\end{cases}$ 的解集为（　　）.

　　A.$(-\infty,5)$　　　　B.$(3,5)$　　　　C.$(3,+\infty)$　　　　D.$(-\infty,3)\cup(5,+\infty)$

1.6　逻辑基础

知识点

充分条件、必要条件和充要条件.

例题分析

【例1】 设甲：$x=1$，乙：$x^2-x=0$，则甲是乙的（　　）.

　　　　A.充分不必要条件　　　　　　　　B.必要不充分条件

　　　　C.既不充分也不必要条件　　　　　D.充分必要条件

解：选 A.

【例2】 设甲：函数 $y=kx+b$ 的图像过点 $(1,1)$，乙：$k+b=1$，则甲是乙的（　　）.

　　　　A.充分不必要条件　　　　　　　　B.必要不充分条件

　　　　C.既不充分也不必要条件　　　　　D.充分必要条件

解：选 D.

【例3】 若 a,b,c 为实数，且 $a\neq0$，设甲：$b^2-4ac\geqslant0$，乙：$ax^2+bx+c=0$ 有实数根，则（　　）.

　　　　A.甲是乙的必要条件，但不是乙的充分条件

　　　　B.甲是乙的充分条件，但不是乙的必要条件

　　　　C.甲既不是乙的充分条件，也不是乙的必要条件

　　　　D.甲是乙的充分必要条件

解：选 D.

【例 4】　设甲 $:2^a>2^b$，乙 $:a>b$，则（　　）.

　　A.甲是乙的必要条件，但不是乙的充分条件

　　B.甲是乙的充分条件，但不是乙的必要条件

　　C.甲不是乙的充分条件，也不是乙的必要条件

　　D.甲是乙的充分必要条件

解：底数大于 1 时，指数函数单调递增.乙中可能出现 $0>a>b$ 的情况.选 B.

【例 5】　设甲 $:\alpha=\dfrac{\pi}{3}$，乙 $:\sin\alpha=\dfrac{\sqrt{3}}{2}$，则甲是乙的（　　）.

　　A.充分不必要条件　　　　　　　　B.必要不充分条件

　　C.既不充分也不必要条件　　　　　D.充分必要条件

解：选 A.

练习

1.设甲 $:x=1$，乙 $:x^2-3x+2=0$，则（　　）.

　　A.甲是乙的必要条件，但不是乙的充分条件

　　B.甲是乙的充分条件，但不是乙的必要条件

　　C.甲不是乙的充分条件，也不是乙的必要条件

　　D.甲是乙的充分必要条件

2.设甲 $:\alpha=\beta$，乙 $:\sin\alpha=\sin\beta$，则甲是乙的（　　）.

　　A.充分不必要条件　　　　　　　　B.必要不充分条件

　　C.既不充分也不必要条件　　　　　D.充分必要条件

3.设甲 $:x>2$，乙 $:x^2>4$，则（　　）.

　　A.甲是乙的必要条件，但不是乙的充分条件

　　B.甲是乙的充分条件，但不是乙的必要条件

　　C.甲不是乙的充分条件，也不是乙的必要条件

　　D.甲是乙的充分必要条件

4.设甲 $:a$ 是 8 的倍数，乙 $:a$ 是 4 的倍数，则甲是乙的（　　）.

　　A.充分不必要条件　　　　　　　　B.必要不充分条件

　　C.既不充分也不必要条件　　　　　D.充分必要条件

5.设甲 $:a=0$ 且 $b=0$，乙 $:a^2+b^2=0$，则（　　）.

　　A.甲是乙的必要条件，但不是乙的充分条件

　　B.甲是乙的充分条件，但不是乙的必要条件

　　C.甲不是乙的充分条件，也不是乙的必要条件

　　D.甲是乙的充分必要条件

自测题

1.选择题

　（1）设集合 $A=\{1,2\}$，集合 $B=\{2,3,5\}$，则 $A\cap B$ 等于（　　）.

　　　A.$\{2\}$　　　　　　B.$\{1,2,3,5\}$　　　　　　C.$\{1,3\}$　　　　　　　D.$\{2,5\}$

(2)已知全集 $U=\{-1,0,1,2,3,5\}$,集合 $A=\{1,2\}$,集合 $B=\{2,3,5\}$,则 $C_UA\cap B$ 等于( ).

  A.$\{1,2\}$ B.$\{1,2,3,5\}$ C.$\{-1,0\}$ D.$\{3,5\}$

(3)用列举法可以把集合 $\{x\mid-2\leqslant x<6,x\in\mathbf{N}\}$ 表示为( ).

  A.$\{-2,-1,0,1,2,3,4,5\}$ B.$\{1,2,3,4,5\}$

  C.$\{-1,0,1,2,3,4,5\}$ D.$\{0,1,2,3,4,5\}$

(4)设 $a=3$,$P=\{x\mid x>2\sqrt{2}\}$,则下列叙述正确的是( ).

  A.$a\subseteq P$ B.$a\notin P$ C.$\{a\}\in P$ D.$\{a\}\subseteq P$

(5)满足 $\{1\}\subseteq A\subseteq\{1,2,3\}$ 的集合 A 有( )个.

  A.2   B.3   C.4   D.5

(6)已知 $U=\mathbf{R}$,$A=\{x\mid x\leqslant-2\}$,则 $C_UA=$( ).

  A.$(-2,+\infty)$ B.$[-2,+\infty)$ C.$(-\infty,-2)$ D.$(-\infty,-2]$

(7)已知 $M=\{x\mid x\geqslant2\}$,$N=\{x\mid-3<x<5\}$,则 $M\cap N=$( ).

  A.$\{x\mid-3<x\leqslant2\}$ B.$\{x\mid-3<x<5\}$

  C.$\{x\mid x<5\}$ D.$\{x\mid2\leqslant x<5\}$

(8)设 $M=\{x\mid x\leqslant2\}$,$N=\{x\mid x^2-2x+1=0\}$,则 $M\cup N=$( ).

  A.$\{1,2\}$ B.M C.N D.$\{x\mid x\leqslant1\}$

(9)已知 $M=\{x\mid x\geqslant0\}$,$N=\{x\mid x<-5\}$,则 $M\cup N=$( ).

  A.$(0,5)$ B.$[0,5)$

  C.$(-\infty,-5)\cup[0,+\infty)$ D.$(-\infty,-5]\cup(0,+\infty)$

(10)已知集合 $U=\mathbf{R}$,集合 $A=\{x\mid-3<x\leqslant1\}$,则 $C_UA=$( ).

  A.$\{x\mid x<-3\}$ B.$\{x\mid x>1\}$

  C.$\{x\mid x\leqslant-3$ 或 $x>1\}$ D.$\{x\mid x<-3$ 或 $x\geqslant1\}$

(11)已知 $A=\{(x,y)\mid x-y=2\}$,$B=\{(x,y)\mid3x-4y=3\}$,则 $A\cap B=$( ).

  A.$\{(5,3)\}$ B.$\{(-3,-5)\}$ C.$\{5,3\}$ D.$\{-3,-5\}$

(12)已知 $A=\{x\mid0<x<3\}$,$B=\left\{x\mid1<x<\dfrac{8}{3}\right\}$,则下列关系正确的是( ).

  A.$B\subseteq A$ B.$A\notin B$ C.$A\subseteq B$ D.$B\in A$

(13)已知直线 m 在平面 α 内,l 为该平面外一条直线,设甲:$l/\!/\alpha$,乙:$l/\!/m$,则( ).

  A.甲是乙的充分条件,但不是乙的必要条件

  B.甲是乙的必要条件,但不是乙的充分条件

  C.甲不是乙的充分条件,也不是乙的必要条件

  D.甲是乙的充分必要条件

(14)设甲:$x=1$,乙:$x^2-3x+2=0$,则( ).

  A.甲是乙的必要条件,但不是乙的充分条件

  B.甲是乙的充分条件,但不是乙的必要条件

  C.甲不是乙的充分条件,也不是乙的必要条件

  D.甲是乙的充分必要条件

(15)设甲:$x>3$,乙:$x>5$,则( ).

A.甲是乙的充分条件,但不是乙的必要条件

B.甲是乙的必要条件,但不是乙的充分条件

C.甲不是乙的充分条件,也不是乙的必要条件

D.甲是乙的充分必要条件

(16)设甲:$k=1$,且 $b=1$;乙:直线 $y=kx+b$ 与 $y=x$ 平行,则(　　).

A.甲是乙的充分条件,但不是乙的必要条件

B.甲是乙的必要条件,但不是乙的充分条件

C.甲不是乙的充分条件,也不是乙的必要条件

D.甲是乙的充分必要条件

(17)设甲:$x=\dfrac{\pi}{6}$,乙:$\sin x=\dfrac{1}{2}$,则(　　).

A.甲是乙的必要条件,但不是乙的充分条件

B.甲是乙的充分条件,但不是乙的必要条件

C.甲不是乙的充分条件,也不是乙的必要条件

D.甲是乙的充分必要条件

2.填空题

(1)第二象限所有点构成的集合为_____.

(2)已知集合 $A=\{x\mid -2<x\leqslant 5,x\in \mathbf{Z}\}$,$B=\{$非负数$\}$,则 $A\cap B=$_____;$A\cup B=$_____.

(3)若集合 $A=\{x\mid x<-3\}$,$B=\{x\mid x\leqslant 2\}$,则 $A\cap B=$_____.

(4)用"充分非必要、必要非充分、充要"填空.

①"三角形是直角三角形"是"三角形三边满足勾股定理"的_____条件;

②"$-2<x\leqslant 1$"是"$A=\{x\mid \mid x-1\mid \leqslant 3\}$"的_____条件.

3.解答题

(1)写出集合 $\{a,h,c\}$ 的所有非空子集.

(2)已知集合 $A=\{x\mid x^2-4x+3=0\}$,$B=\{x\mid x>2\}$,求 $A\cap B$,$A\cup B$.

(3)已知集合 $A=\{x\mid x^2-(a-1)x+1=0\}=\varnothing$,求 a 的取值范围(用区间表示).

(4)设集合 $U=\mathbf{R}$,集合 $A=\{x\mid -2<x\leqslant 5\}$,$B=\{x\mid -3<x\leqslant 1\}$,求 $A\cap B$,$A\cup B$,$A\cap C_U B$,$C_U(A\cap B)$.

第2章　不等式

2.1　不等式的定义与性质

知识点

不等式的性质.

例题分析

【例1】　根据不等式的性质,把下列不等式化成 $x>a$ 或 $x<a$ 的形式.

(1) $x-2<3$;　　　　　(2) $6x<5x-1$.

解:(1)根据不等式的性质,不等式的两边都加上2,不等号的方向不变,得

$$x - 2 + 2 < 3 + 2$$
$$x < 5$$

　(2)根据不等式的性质,不等式的两边都减去 $5x$,得

$$6x - 5x < 5x - 1 - 5x$$
$$x < -1$$

【例2】　根据不等式的性质,把下列不等式化成 $x>a$ 或 $x<a$ 的形式.

(1) $\dfrac{1}{2}x>5$;　　　　　(2) $-4x>3$.

解:(1)根据不等式的性质,不等式的两边都乘2,得

$$\frac{1}{2}x \times 2 > 5 \times 2$$
$$x > 10$$

　(2)根据不等式的性质,不等式的两边都除以 -4,得

$$\frac{-4x}{-4} < \frac{3}{-4}$$
$$x < -\frac{3}{4}$$

【例3】　设 $a>b$,用">"或"<"符号填空.

(1) $a-3$____$b-3$;　　　(2) $\dfrac{a}{2}$____$\dfrac{b}{2}$;　　　(3) $-4a$____$-4b$.

解:(1)因为 $a>b$,两边都减去3,由不等式的性质得

$$a - 3 > b - 3$$

　(2)因为 $a>b$,并且 $2>0$,由不等式的性质得

$$\frac{a}{2} > \frac{b}{2}$$

（3）因为 $a>b$，并且 $-4<0$，由不等式的性质得

$$-4a < -4b$$

📖 练 习

1.选择题.

（1）下列命题中正确的是(　　　).

　　A.若 $x^2>x$，则 $x>0$　　　　　　　　B.若 $x^2>0$，则 $x>0$

　　C.若 $x<0$，则 $x^2>x$　　　　　　　　D.若 $x<1$，则 $x^2<x$

（2）设 $a>0$，且 $|a|<b$，则下列命题正确的是(　　　).

　　A.$a+b<0$　　　　　B.$b-a>0$　　　　　C.$a-b>0$　　　　　D.$|b|<a$

（3）若 $\left(-\dfrac{b}{a}\right)>0$，则下列命题正确的是(　　　).

　　A.$a>0$，$b<0$　　　　　　　　B.$a<0$，$b>0$

　　C.$a>0$，$b>0$，或 $a<0$，$b<0$　　　　D.$a<0$，$b>0$ 或 $a>0$，$b<0$

2.根据不等式的性质，把下列不等式化成 $x>a$ 或 $x<a$ 的形式.

　（1）$x+1>2$；　　　　　　　　　　（2）$4x<3x-5$；

　（3）$\dfrac{1}{7}x<\dfrac{6}{7}$；　　　　　　　　　　（4）$-8x>10$.

3.设 $a>b$，用"$>$"或"$<$"符号填空.

　（1）$a+5$＿＿＿$b+5$；　　　　　　（2）$2a$＿＿＿$2b$；

　（3）$-5a$＿＿＿$-5b$；　　　　　　　（4）$\dfrac{a}{3}$＿＿＿$\dfrac{b}{3}$.

4.写出下列不等式的解集.

　（1）$2x-4\leqslant 0$　　　　　　　　（2）$5-2x<0$

2.2　一元一次不等式（组）

📖 知识点

解一元一次不等式(组).

例题分析

【例1】 解不等式 $\dfrac{2-x}{2} \geqslant \dfrac{2x-1}{3}$.

解：去分母，得 $3(2+x) \geqslant 2(2x-1)$

　　　去括号，得 $6+3x \geqslant 4x-2$

　　　移项，得 $3x-4x \geqslant -2-6$

　　　合并同类项，得 $-x \geqslant -8$

　　　系数化成 1，得 $x \leqslant 8$

【例2】 解不等式组 $\begin{cases} 2x+3<5 & ① \\ 3x-2>4 & ② \end{cases}$

解：解不等式①，得 $x<1$

　　　解不等式②，得 $x>2$

　　　所以这个不等式组的解集是 $\varnothing$.

【例3】 解不等式组 $\begin{cases} 5x-2>3(x+1) & ① \\ \dfrac{1}{2}x-1 \leqslant 7-\dfrac{3}{2}x & ② \end{cases}$

解：解不等式①，得 $x>\dfrac{5}{2}$

　　　解不等式②，得 $x \leqslant 4$

　　　所以这个不等式组的解集是 $\dfrac{5}{2}<x \leqslant 4$.

练习

1.解下列不等式.

(1) $\dfrac{x+5}{2}-1<\dfrac{3x+2}{2}$;

(2) $\dfrac{y+1}{3}-\dfrac{y-1}{2} \geqslant \dfrac{y-1}{6}$.

2.x 取什么值时，代数式 $3x+7$ 的值：

(1) 小于 1?

(2) 不小于 1?

3.解下列不等式组.

(1) $\begin{cases} \dfrac{1}{2}x-1<x \\ 2x-4>3x+3 \end{cases}$;

(2) $\begin{cases} 3x-2>2(x-1) \\ 2(x+1)>4(x-7) \end{cases}$;

$(3)\begin{cases} \dfrac{x}{2} < \dfrac{x+1}{5} \\ \dfrac{2x-1}{5} < \dfrac{x+1}{2} \end{cases}$;
$\qquad\qquad (4)\begin{cases} \dfrac{1}{2}(x+4) < 2 \\ \dfrac{x+2}{2} > \dfrac{x+3}{3} \end{cases}$.

2.3 一元二次不等式

知识点

一元二次不等式的解法.

例题分析

【例1】 求不等式 $4x^2-4x+1>0$ 的解集.

解：注意到 $4x^2-4x+1=(2x-1)^2 \geqslant 0$

所以原不等式的解集是 $\left\{ x \mid x \neq \dfrac{1}{2} \right\}$.

【例2】 解不等式 $-x^2+5x>6$.

解：原不等式可变形为 $x^2-5x+6<0$

因为 $\Delta=(-5)^2-4\times1\times6=1>0$ 且 $a=1>0$

解方程 $x^2-5x+6=0$, 得 $x_1=2, x_2=3$

所以原不等式的解集是 $\{x \mid 2<x<3\}$.

【例3】 解下列不等式.

$(1)\, 2x^2\ 3x+4>0$；$\qquad\qquad (2)\, 4x^2-12x+9>0$；

$(3)\, 2x^2-4x+3<0$；$\qquad\qquad (4)\, 2x^2-3x-2>0$.

解：(1)因为 $\Delta=9-32<0$

所以原不等式的解集是 **R**.

(2)因为 $\Delta=144-144=0$

$4x^2-12x+9=0$ 的根为 $x_1=x_2=\dfrac{3}{2}$

所以原不等式的解集是 $\left\{ x \mid x \neq \dfrac{3}{2} \right\}$ 或者 $\left(-\infty, \dfrac{3}{2} \right) \cup \left(\dfrac{3}{2}, +\infty \right)$.

(3)因为 $\Delta=16-24<0$

所以原不等式的解集是 $\varnothing$.

(4)先变形为 $(2x+1)(x-2)>0$

得 ① $\begin{cases} 2x+1<0 \\ x-2<0 \end{cases}$ 或 ② $\begin{cases} 2x+1>0 \\ x-2>0 \end{cases}$

由①得 $x<-\dfrac{1}{2}$，由②得 $x>2$

所以不等式的解集是 $\left\{x\,\middle|\,x<-\dfrac{1}{2}\text{或}x>2\right\}$ 或者 $\left(-\infty,-\dfrac{1}{2}\right)\cup(2,+\infty)$.

✎ 练 习

1.选择题.

(1)不等式 $(x+1)(x-2)>0$ 的解集是(　　).

　　A. $\{x\,|\,-2<x<1\}$ 　　　　　　　B. $\{x\,|\,-1<x<2\}$

　　C. $\{x\,|\,x>1\text{ 或 }x<-2\}$ 　　　D. $\{x\,|\,x>2\text{ 或 }x<-1\}$

(2)不等式 $4-3x-x^2\geqslant0$ 的解集是(　　).

　　A. $\{x\,|\,-1\leqslant x\leqslant4)$ 　　　　B. $\{x\,|\,-4\leqslant x\leqslant1\}$

　　C. $\{x\,|\,x\leqslant-1\text{ 或 }x\geqslant4\}$ 　　D. $\{x\,|\,x\leqslant-4\text{ 或 }x\geqslant1\}$

(3)不等式 $3x<4+x^2$ 的解集是(　　).

　　A. $(1,+\infty)$ 　　　B. $(-\infty,0)$ 　　　C. $(-\infty,+\infty)$ 　　　D. $(0,+\infty)$

(4)不等式 $x^2-x+2\leqslant0$ 的解集是(　　).

　　A. $(-2,1)$ 　　　B. $(-1,2)$ 　　　C. **R** 　　　D. $\varnothing$

2.填空题.

(1)不等式 $(x+5)(x-3)>0$ 的解集是＿＿＿＿＿＿＿＿＿.

(2)不等式 $x^2+2\leqslant3x$ 的解集是＿＿＿＿＿＿＿＿＿.

(3)不等式 $(x+2)(x-2)\leqslant5$ 的解集是＿＿＿＿＿＿＿＿＿.

(4)不等式 $x(x-2)+1>0$ 的解集是＿＿＿＿＿＿＿＿＿.

(5)不等式 $x^2+1>2x$ 的解集是＿＿＿＿＿＿＿＿＿.

3.求下列不等式的解集.

　　(1) $x^2-x-2>0$； 　　　　　　(2) $x^2+x-56\leqslant0$；

　　(3) $-x^2+4x-4<0$； 　　　　　(4) $x^2-x+\dfrac{1}{4}>0$.

4.求下列不等式的解集.

　　(1) $4(x-5)^2\leqslant16$； 　　　　(2) $3x^2-1\leqslant2x$；

　　(3) $x^2+12x+27<0$； 　　　　(4) $(3-x)^2+x\geqslant9$.

2.4 绝对值不等式

知识点

绝对值不等式的解法.

例题分析

【例 1】 解不等式 $|2x-3|<5$.

解：这个不等式等价于 $-5<2x-3<5$

解这个不等式,得解集 $\{x\,|-1<x<4\}$

用区间表示解集为 $(-1,4)$.

【例 2】 解不等式 $|x-2|>3$.

解：这个不等式等价于 $x-2>3$ 或 $x-2<-3$

解不等式得 $\{x\,|\,x>5$ 或 $x<-1\}$.

【例 3】 解不等式 $(1-|x|)(1+x)>0$.

解：原不等式可转化为① $\begin{cases} x\geqslant 0 \\ (1-x)(1+x)>0 \end{cases}$ 或② $\begin{cases} x<0 \\ (1-x)(1+x)>0 \end{cases}$

不等式组①的解集是 $[0,1)$,不等式组②的解集是 $(-\infty,-1)\cup(-1,0)$.

所以原不等式的解集是 $(-\infty,-1)\cup(-1,0)\cup[0,1)=(-\infty,-1)\cup(-1,1)$.

练习

1.选择题.

(1)不等式 $|x-2|>3$ 的解集是( ).

    A. $\{x\,|\,x<5\}$ B. $\{x\,|\,x>-5\}$ C. $\{x\,|-1<x<5\}$ D. $\{x\,|\,x<-1$ 或 $x>5\}$

(2)不等式 $|2x+3|-1\leqslant 0$ 的解集是( ).

    A. $[-2,-1]$ B. $(-\infty,-2]\cup[-1,+\infty)$

    C. $[1,2]$ D. $(-\infty,1]\cup[2,+\infty)$

(3)不等式 $|3-4x|>5$ 的解集是( ).

    A. $(2,+\infty)$ B. $\left(-\infty,-\dfrac{1}{2}\right)$ C. $\left(-\dfrac{1}{2},2\right)$ D. $\left(-\infty,-\dfrac{1}{2}\right)\cup(2,+\infty)$

2.填空题.

(1)不等式 $|3x-5|\leqslant 4$ 的解集是_____.

(2)不等式 $2+|-2x-3|\geqslant 4$ 的解集是_____.

(3)不等式 $|2x-5|<5$ 的解集是_____.

3.解下列不等式.

(1) $\left|x-\dfrac{1}{3}\right|\leqslant\dfrac{2}{3}$;   (2) $3|x-2|-2>0$;

$(3)\dfrac{2x-15}{x+2}\leqslant 0;$ $(4)\dfrac{x+1}{x+2}>0;$

$(5)\dfrac{3x-2}{2x}\geqslant 0;$ $(6)2\leqslant|1-4x|<5.$

2.5 两个基本不等式

知识点

两个基本不等式的应用(证明和求最值).

例题分析

【例1】 证明下列不等式成立.

$(1)b+\dfrac{1}{b}\geqslant 2;$ $(2)\dfrac{b}{a}+\dfrac{a}{b}\geqslant 2$ $(a>0,b>0).$

证明:(1)因为$b+\dfrac{1}{b}\geqslant 2\sqrt{b\cdot\dfrac{1}{b}}=2$,所以原不等式成立.

(2)因为$\dfrac{b}{a}+\dfrac{a}{b}\geqslant 2\sqrt{\dfrac{b}{a}\cdot\dfrac{a}{b}}=2$,所以原不等式成立.

【例2】 若$ab=60$,求a^2+b^2的最小值.

解:因为$a^2+b^2\geqslant 2ab$,且$ab=60$

所以 $a^2+b^2\geqslant 2\times 60=120$

因此a^2+b^2的最小值是120.

【例3】 求$5-\left(4x+\dfrac{9}{x}\right)$的最大值$(x>0).$

解:因为$4x+\dfrac{9}{x}\geqslant 2\sqrt{4x\cdot\dfrac{9}{x}}=2\times 6=12$

所以$5-\left(4x+\dfrac{9}{x}\right)\leqslant 5-12=-7$ 即为它的最大值.

练习

1.若$a+b=10$,求ab的最大值.   2.求$x^2+\dfrac{16}{x^2}(x\neq 0)$的最小值.

3.求$2-3x-\dfrac{25}{x}(x>0)$的最大值.   4.若$a>0,b>0,a\neq b$,证明:$\dfrac{2ab}{a+b}<\sqrt{ab}.$

自测题

1.选择题

(1) 不等式 $|3x+1|\leq 7$ 的解集是(　　).

　　A.$\left(-\dfrac{8}{3},2\right)$　　　　　　　　　　B.$\left[-\dfrac{8}{3},2\right]$

　　C.$\left(-\infty,-\dfrac{8}{3}\right]\cup[2,+\infty)$　　　D.$(-\infty,2]$

(2) 若 $a>b,c>d$ 则下列不等式中一定成立的是(　　).

　　A.$a-c>b-d$　　　B.$a+c>b+d$　　　C.$ac>bc$　　　D.$\dfrac{a}{c}>\dfrac{b}{d}$

(3) 不等式 $x^2-3x\geq 0$ 的解集是(　　).

　　A.$\{x\,|\,x>0$ 或 $x<3\}$　　　　B.$\{x\,|\,x\geq 0$ 或 $x\leq 3\}$

　　C.$\{x\,|\,x\leq 0$ 或 $x\geq 3\}$　　　D.$\{x\,|\,0\leq x\leq 3\}$

(4) 不等式 $x^2-2x-3\geq 0$ 的解集是(　　).

　　A.$\{x\,|\,x\geq 3$ 或 $x<-1\}$　　　B.$\{x\,|\,x>3$ 或 $x\leq -1\}$

　　C.$\{x\,|\,x\leq -1$ 或 $x\geq 3\}$　　　D.$\{x\,|\,-1\leq x\leq 3\}$

(5) $x>y>0$ 是 $x^2>y^2$ 的(　　).

　　A.充分非必要条件　　　　B.必要非充分条件

　　C.充分必要条件　　　　　D.非充分非必要条件

(6) 不等式 $|2x-3|>5$ 的解集是(　　).

　　A.$\{x\,|\,x>4\}$　　　B.$\{x\,|\,x<4\}$　　　C.$\{x\,|\,-1<x<4\}$　　　D.$\{x\,|\,x<-1$ 或 $x>4\}$

(7) 不等式 $\dfrac{2x-1}{3}<\dfrac{x+2}{2}-1$ 的解集是(　　).

　　A.$\{x\,|\,x<2\}$　　　B.$\{x\,|\,-1<x<2\}$　　　C.$\{x\,|\,x<-1\}$　　　D.$\{x\,|\,x>2\}$

(8) 一元一次不等式组 $\begin{cases}x+1>0\\x-2<0\end{cases}$ 的解集是(　　).

　　A.$(-1,+\infty)$　　　B.$(-\infty,2)$　　　C.$(-1,2)$　　　D.$\varnothing$

(9) 不等式 $-4x^2+4x-1<0$ 的解集是(　　).

　　A.$\varnothing$　　　　　　　　　　B.**R**

　　C.$\left(-\infty,\dfrac{1}{2}\right)\cup\left(\dfrac{1}{2},+\infty\right)$　　　D.$\left(-\infty,-\dfrac{1}{2}\right)\cup\left(-\dfrac{1}{2},+\infty\right)$

(10) 不等式 $|3x-1|\geq 5$ 的解集是(　　).

　　A.$[2,+\infty)$　　　　　　　　B.$\left[-\dfrac{4}{3},2\right]$

　　C.$\left(-\infty,-\dfrac{4}{3}\right]\cup[2,+\infty)$　　　D.$\left(-\infty,\dfrac{4}{3}\right]\cup[2,+\infty)$

(11) 不等式 $|2x+3|-1\leq 0$ 的解集是(　　).

　　A.$[-2,-1]$　　　　　　　　B.$(-\infty,-2]\cup[-1,+\infty)$

C.$[1,2]$ \qquad\qquad\qquad\qquad D.$(-\infty,1)\cup[2,+\infty)$

(12)"$x=3$"是"$x^2-x-6=0$"的(　　).

    A.充分不必要条件 \qquad\qquad\qquad B.必要不充分条件

    C.充分必要条件 \qquad\qquad\qquad\quad D.既不充分也不必要条件

(13)下列命题中正确的是(　　).

    A.若 $x^2>x$,则 $x>0$ \qquad\qquad\qquad B.若 $x^2>0$,则 $x>0$

    C.若 $x<0$,则 $x^2>x$ \qquad\qquad\qquad D.若 $x<1$,则 $x^2<x$

(14)不等式 $|x-2|\leqslant1$ 的整数解的个数是(　　)个.

    A.0 \qquad\qquad B.1 \qquad\qquad C.2 \qquad\qquad D.3

(15)不等式 $|2-3x|>1$ 的解集是(　　).

    A.$\left(-\infty,\dfrac{1}{3}\right]\cup(1,+\infty)$ \qquad\qquad B.$(-\infty,-1)\cup\left(-\dfrac{1}{3},+\infty\right)$

    C.$\left(\dfrac{1}{3},1\right)$ \qquad\qquad\qquad\qquad D.$\left(-1,-\dfrac{1}{3}\right)$

(16)不等式 $\dfrac{x+1}{x+2}>0$ 的解集是(　　).

    A.$(-1,+\infty)$ \qquad\qquad\qquad\qquad B.$(-\infty,-2)$

    C.$(-\infty,-2)\cup(-1,+\infty)$ \qquad\quad D.$(-2,-1)$

(17)不等式 $\dfrac{2x-15}{x+2}\leqslant0$ 的解集是(　　).

    A.$\left(-2,\dfrac{15}{2}\right)$ \qquad B.$\left[-2,\dfrac{15}{2}\right]$ \qquad C.$\left(-2,\dfrac{15}{2}\right]$ \qquad D.$\left[-2,\dfrac{15}{2}\right)$

2.填空题

(1)设 $a>b$,用">"或"<"号填空.

    ①$a+5$____$b+5$; \qquad\qquad ②$2a$____$2b$;

    ③$-5a$____$-5b$; \qquad\qquad ④$\dfrac{a}{3}$____$\dfrac{b}{3}$.

(2)不等式 $x^2+2\leqslant3x$ 的解集是_____.

(3)不等式 $2+|-2x-3|\geqslant4$ 的解集是_____.

(4)不等式 $\dfrac{2x-1}{x}\geqslant0$ 的解集是_____.

3.解答题

(1)解不等式组 $\begin{cases}5x+6>4x \\ 15-9x<10-4x\end{cases}$. \qquad (2)解不等式 $-2x^2+x-5<0$.

(3)解不等式 $2+|-2x-3|\geqslant4$. \qquad (4)解不等式 $2\leqslant|1-4x|<5$.

第3章 指数与对数

3.1 指 数

知识点

指数的定义、性质、运算法则.

例题分析

【例1】 求值:$8^{\frac{2}{3}}, 25^{-\frac{1}{2}}, \left(\dfrac{1}{2}\right)^{-5}, \left(\dfrac{16}{81}\right)^{-\frac{3}{4}}$.

解:$8^{\frac{2}{3}} = (2^3)^{\frac{2}{3}} = 2^{3 \times \frac{2}{3}} = 2^2 = 4$

$\qquad 25^{-\frac{1}{2}} = (5^2)^{-\frac{1}{2}} = 5^{2 \times (-\frac{1}{2})} = 5^{-1} = \dfrac{1}{5}$

$\qquad \left(\dfrac{1}{2}\right)^{-5} = (2^{-1})^{-5} = 2^5 = 32$

$\qquad \left(\dfrac{16}{81}\right)^{-\frac{3}{4}} = \left(\dfrac{2}{3}\right)^{4 \times (-\frac{3}{4})} = \left(\dfrac{2}{3}\right)^{-3} = \dfrac{27}{8}$

【例2】 用分数指数幂的形式表示下列各式(其中 $a>0$).

$a^3 \cdot \sqrt{a}$; $\qquad a^2 \cdot \sqrt[3]{a^2}$; $\qquad \sqrt{a\sqrt[3]{a}}$

解:$a^3 \cdot \sqrt{a} = a^3 \cdot a^{\frac{1}{2}} = a^{3+\frac{1}{2}} = a^{\frac{7}{2}}$

$\qquad a^2 \cdot \sqrt[3]{a^2} = a^2 \cdot a^{\frac{2}{3}} = a^{2+\frac{2}{3}} = a^{\frac{8}{3}}$

$\qquad \sqrt{a\sqrt[3]{a}} = \left(a \cdot a^{\frac{1}{3}}\right)^{\frac{1}{2}} = \left(a^{\frac{4}{3}}\right)^{\frac{1}{2}} = a^{\frac{2}{3}}$

【例3】 化简下列各式(式中字母都是正数).

(1) $\left(2a^{\frac{2}{3}}b^{\frac{1}{2}}\right)\left(-6a^{\frac{1}{2}}b^{\frac{1}{3}}\right) \div \left(-3a^{\frac{1}{6}}b^{\frac{5}{6}}\right)$; $\qquad$ (2) $\left(m^{\frac{1}{4}}n^{-\frac{3}{8}}\right)^8$;

(3) $\dfrac{a^2}{\sqrt{a} \cdot \sqrt[3]{a^2}}$ $(a>0)$; $\qquad$ (4) $(\sqrt[3]{25} - \sqrt{125}) \div \sqrt[4]{25}$.

解:(1) $\left(2a^{\frac{2}{3}}b^{\frac{1}{2}}\right)\left(-6a^{\frac{1}{2}}b^{\frac{1}{3}}\right) \div \left(-3a^{\frac{1}{6}}b^{\frac{5}{6}}\right) = [2 \times (-6) \div (-3)]a^{\frac{2}{3}+\frac{1}{2}-\frac{1}{6}}b^{\frac{1}{2}+\frac{1}{3}-\frac{5}{6}} = 4ab^0 = 4a$

$\qquad$ (2) $(m^{\frac{1}{4}}n^{-\frac{3}{8}})^8 = (m^{\frac{1}{4}})^8(n^{-\frac{3}{8}})^8 = m^2 n^{-3} = \dfrac{m^2}{n^3}$

$(3)\ \dfrac{a^2}{\sqrt{a}\cdot\sqrt[3]{a^2}}=\dfrac{a^2}{a^{\frac{1}{2}}a^{\frac{2}{3}}}=a^{2-\frac{1}{2}-\frac{2}{3}}=a^{\frac{5}{6}}=\sqrt[6]{a^5}$

$(4)\ \left(\sqrt[3]{25}-\sqrt{125}\right)\div\sqrt[4]{25}=\left(5^{\frac{2}{3}}-5^{\frac{3}{2}}\right)\div 5^{\frac{1}{2}}=5^{\frac{2}{3}}\div 5^{\frac{1}{2}}-5^{\frac{3}{2}}\div 5^{\frac{1}{2}}=5^{\frac{2}{3}-\frac{1}{2}}-5^{\frac{3}{2}-\frac{1}{2}}=5^{\frac{1}{6}}-5=$

$\sqrt[6]{5}-5$

练 习

1.用根式的形式表示下列各式($a>0$).

$(1)\ a^{\frac{1}{2}}$;　　$(2)\ a^{\frac{3}{4}}$;　　$(3)\ a^{-\frac{3}{5}}$;　　$(4)\ a^{-\frac{2}{3}}$.

2.用分数指数幂表示下列各式.

$(1)\ \sqrt[3]{x^2}\quad(x>0)$;　　　　　　　$(2)\ \sqrt[4]{(a+b)^3}\quad(a+b>0)$;

$(3)\ \sqrt[3]{(m-n)^2}\quad(m>n)$;　　　　$(4)\ \sqrt{(m-n)^4}\quad(m>n)$;

$(5)\ \sqrt{p^6q^5}\quad(p>0、q>0)$;　　　　$(6)\ \dfrac{m^3}{\sqrt{m}}$.

3.求下列各式的值.

$(1)\ 25^{\frac{1}{2}}$;　　$(2)\ 27^{\frac{2}{3}}$;　　$(3)\ 49^{-\frac{3}{2}}$;　　$(4)\ \left(\dfrac{25}{4}\right)^{-\frac{3}{2}}$.

4.化简下列各式.

$(1)\ \left(\dfrac{36}{49}\right)^{\frac{3}{2}}$;　　　　　　　　$(2)\ 2\sqrt{3}\times\sqrt[3]{1.5}\times\sqrt[6]{12}$;

$(3)\ a^{\frac{1}{2}}a^{\frac{1}{4}}a^{-\frac{1}{8}}$;　　　　　　　$(4)\ 2x^{-\frac{1}{3}}\left(\dfrac{1}{2}x^{\frac{1}{3}}-2x^{-\frac{2}{3}}\right)$;

$(5)\left(\dfrac{4}{9}\right)^{\frac{1}{2}}+(-3.9)^{0}+0.125^{-\frac{1}{3}}$; $\qquad$ $(6)\left(x^{\frac{1}{2}}y^{-\frac{1}{3}}\right)^{6}$.

3.2　对　数

知识点

对数的定义、性质、运算法则、换底公式及其推论.

例题分析

【例1】　将下列指数式写成对数式.

$(1)5^{4}=625$; $\qquad$ $(2)3^{-3}=\dfrac{1}{27}$; $\qquad$ $(3)8^{\frac{4}{3}}=16$; $\qquad$ $(4)5^{a}=15$.

解: $(1)\log_{5}625=4$; $\quad(2)\log_{3}\dfrac{1}{27}=-3$; $\quad(3)\log_{8}16=\dfrac{4}{3}$; $\quad(4)\log_{5}15=a$.

【例2】　将下列对数式写成指数式.

$(1)\log_{\frac{1}{2}}16=-4$; $\qquad$ $(2)\log_{3}243=5$; $\qquad$ $(3)\log_{\frac{1}{3}}\dfrac{1}{27}=3$; $\qquad$ $(4)\lg 0.1=-1$.

解: $(1)\left(\dfrac{1}{2}\right)^{-4}=16$; $\;(2)3^{5}=243$; $\qquad(3)\left(\dfrac{1}{3}\right)^{3}=\dfrac{1}{27}$ $\qquad(4)10^{-1}=0.1$.

【例3】　求下列各式的值.

$(1)\log_{5}25$; $\quad(2)\log_{0.5}32$; $\quad(3)3^{\log_{3}10}$; $\quad(4)\ln 1$; $\quad(5)\log_{2.5}2.5$.

解: (1)因为 $5^{2}=25$,所以$\log_{5}25=2$; $\qquad(2)$因为$\left(\dfrac{1}{2}\right)^{-5}=32$,所以$\log_{0.5}32=-5$;

$\quad(3)3^{\log_{3}10}=10$; $\qquad(4)\ln 1=0$; $\qquad(5)\log_{2.5}2.5=1$.

【例4】　用$\log_{a}x,\log_{a}y,\log_{a}z$ 表示下列各式.

$(1)\log_{a}(x^{2}yz)$; $\qquad$ $(2)\log_{a}\dfrac{x^{2}}{yz}$; $\qquad$ $(3)\log_{a}\dfrac{\sqrt{x}}{y^{2}z}$.

解: $(1)\log_{a}(x^{2}yz)=\log_{a}x^{2}+\log_{a}y+\log_{a}z=2\log_{a}x+\log_{a}y+\log_{a}z$

$\quad(2)\log_{a}\dfrac{x^{2}}{yz}=\log_{a}x^{2}-\log_{a}(yz)=2\log_{a}x-(\log_{a}y+\log_{a}z)=2\log_{a}x-\log_{a}y-\log_{a}z$

$\quad(3)\log_{a}\dfrac{\sqrt{x}}{y^{2}z}=\log_{a}\sqrt{x}-\log_{a}(y^{2}z)=\dfrac{1}{2}\log_{a}x-2\log_{a}y-\log_{a}z$

【例5】　求下列各式的值.

$(1)\log_{2}(4^{7}\times 2^{5})$; $\qquad$ $(2)\lg\sqrt[3]{100}$.

解: $(1)\log_{2}(4^{7}\times 2^{5})=\log_{2}4^{7}+\log_{2}2^{5}=7\log_{2}2^{2}+5\log_{2}2=7\times 2+5=19$

$\quad(2)\lg\sqrt[3]{100}=\lg 100^{\frac{1}{3}}=\dfrac{1}{3}\lg 10^{2}=\dfrac{2}{3}$

【例6】 用换底公式计算.

(1) $\log_9 27$；　　　　　　(2) $\log_8 9 \cdot \log_{27} 32$.

解: (1) $\log_9 27 = \dfrac{\log_3 27}{\log_3 9} = \dfrac{3}{2}$

(2) $\log_8 9 \cdot \log_{27} 32 = \dfrac{\lg 9}{\lg 8} \cdot \dfrac{\lg 32}{\lg 27} = \dfrac{2\lg 3}{3\lg 2} \cdot \dfrac{5\lg 2}{3\lg 3} = \dfrac{10}{9}$

练 习

1. 把下列指数式改写成对数式.

(1) $2^3 = 8$；　　　　(2) $2^5 = 32$；　　　　(3) $2^{-1} = \dfrac{1}{2}$；　　　　(4) $27^{-\frac{1}{3}} = \dfrac{1}{3}$.

2. 把下列对数式改写成指数式.

(1) $\log_3 9 = 2$；　　　　(2) $\log_5 125 = 3$；　　　　(3) $\log_2 \dfrac{1}{4} = -2$；　　　　(4) $\log_3 \dfrac{1}{81} = -4$.

3. 求下列各式的值.

(1) $\log_5 25$；　　　　(2) $\log_2 \dfrac{1}{16}$；　　　　(3) $\lg 100$；

(4) $\lg 0.01$；　　　　(5) $\lg 10\ 000$；　　　　(6) $\lg 0.000\ 1$.

4. 用 $\lg x, \lg y, \lg z$ 表示下列各式.

(1) $\lg(xyz)$；　　　　(2) $\lg \dfrac{xy^2}{z}$；　　　　(3) $\lg \dfrac{xy^3}{\sqrt{z}}$；　　　　(4) $\lg \dfrac{\sqrt{x}}{y^2 z}$.

5. 计算下列各式.

(1) $\log_3(27 \times 9^2)$；　　(2) $\lg 100^2$；　　　　(3) $\lg 0.000\ 01$；　　　(4) $\log_7 \sqrt[3]{49}$；

(5) $\log_2 6 - \log_2 3$；　　(6) $\lg 5 + \lg 2$；　　　　(7) $\log_5 3 + \log_5 \dfrac{1}{3}$；　　(8) $\log_3 5 - \log_3 15$.

6. 利用换底公式计算.

(1) $\log_2 5 \times \log_5 4$；　　(2) $\log_4 3 \cdot \log_3 4$；　　(3) $\log_2 3 \cdot \log_3 4 \cdot \log_4 5 \cdot \log_5 2$.

🔲 自测题 ▶▶

1.选择题

(1)设 m,n 为不等于 1 的两个正数,则下列等式成立的是(　　).

　　A.$e^{\lg mn}=mn$　　　　B.$(3^n)^m=3^{nm}$　　　　C.$\dfrac{\lg m}{\lg n}=\lg(m-n)$　　　　D.$\log_m n=\log_n m$

(2)下列命题或运算中正确的是(　　).

　　A.若 $4^x=10$,则 $x=\log_{10}4$　　　　　　　　B.若 $\log_4 x=10$,则 $4^x=10$

　　C.若 $(2+\sqrt{3})^{2005}\cdot(2-\sqrt{3})^{2005}=1$,则 $x^2>x$　　D.$\dfrac{\log_2 5}{\log_5 2}=1$

(3)下列运算中正确的是(　　).

　　A.$\log_2 3\cdot\log_2 5=\log_2 15$　　　　　　　　B.$\log_2 3\cdot\log_2 5=\log_2 8$

　　C.$\dfrac{\log_2 3}{\log_2 5}=\log_5 3$　　　　　　　　D.$\dfrac{\log_2 3}{\log_2 5}=\log_2\left(\dfrac{3}{5}\right)$

(4)下列运算中,正确的是(　　).

　　A.$(-1)^0=-1$　　B.$3\times\left(\dfrac{1}{2}\right)^{-2}=12$　　C.$(5^3)^2\cdot 5^4=5^9$　　D.$\dfrac{-3^5}{(-3)^3}=-3^2$

(5)计算 $\log_9 3+\log_9 27=$(　　).

　　A.1　　　　　　B.2　　　　　　C.3　　　　　　D.4

(6)计算 $\log_4 3\cdot\log_9 16=$(　　).

　　A.1　　　　　　B.$\dfrac{4}{3}$　　　　　　C.$\log_3 4$　　　　　　D.$\log_3 2$

(7)若 $a>0$,下列运算中正确的是(　　).

　　A.$a^{\frac{3}{4}}\cdot a^{\frac{4}{3}}=a$　　B.$\left(\dfrac{1}{8a^3}\right)^{\frac{1}{3}}=\dfrac{1}{2a}$　　C.$a^{\frac{3}{4}}\cdot a^{\frac{1}{4}}=a^3$　　D.$\left(a^{-\frac{1}{2}}\right)^2=a^{\frac{1}{4}}$

(8)设 $a>0,a\neq 1,m\in\mathbf{R}$,下列恒等式成立的是(　　).

　　A.$\log_a 0=0$　　B.$\log_a(-a)=-1$　　C.$\log_a a^m=m$　　D.$a^{\log_a m}=m$

(9)设 $a\in\mathbf{R}$,$m,n\in\mathbf{N}^+$,下列结论正确的是(　　).

　　A.$a^0=1$　　　　B.$a^{-m}=\dfrac{1}{a^m}$　　　　C.$\sqrt[n]{a^m}=a^{\frac{n}{m}}$　　　　D.$a^{m+n}=a^m\cdot a^n$

(10)下列互化正确的是(　　).

　　A.$3^x=4\Leftrightarrow x=\log_3 4$　　　　　　　　B.$3^x=4\Leftrightarrow x=\log_4 3$

　　C.$3^x=4\Leftrightarrow x=\sqrt[3]{4}$　　　　　　　　D.$3^x=4\Leftrightarrow x=\sqrt[4]{3}$

2.填空题

(1)$\left(\dfrac{64}{27}\right)^{-\frac{1}{3}}=$_____;　　　　　　(2)$\left(2\dfrac{7}{9}\right)^{\frac{1}{2}}=$_____;

(3)$\left(x^2\cdot x^{-\frac{4}{5}}\right)\div x^{\frac{1}{5}}=$_____;　　　　(4)$(-a^3)^2=$_____;

（5）$2^{\log_2 5}=$ _____ ；　　　　　　（6）$\log_3\left(3\sqrt{3}\right)=$ _____ ；

（7）$\log_3\left(\sqrt{2}-1\right)^0=$ _____ ；　　　　（8）$\log_4 3\cdot\log_3 4=$ _____ ；

（9）$\dfrac{\log_2 9}{\log_4 3}=$ _____ ；　　　　　　（10）$\log_3 15-\log_3 5=$ _____ ；

（11）$\log_6 4+\log_6 9=$ _____ ．

3.解答题

（1）计算：$2^{\log_2\frac{1}{4}}+\left(\dfrac{16}{9}\right)^{-\frac{1}{2}}+\lg 20-\lg 2-\log_3 2\cdot\log_2 3.$

（2）计算：$16^{\frac{1}{4}}-\left(\dfrac{1}{27}\right)^{-\frac{1}{3}}-\lg\sqrt{1\,000}+\left(\sqrt{2}-1\right)^{\lg 1}.$

（3）计算：$2^{\log_2 3}+0.01^{-\frac{1}{2}}-\left(\dfrac{1}{\sqrt{2}-1}\right)^0.$

（4）计算：$\lg 5+\lg 2+\log_5 6\cdot\log_6 25.$

第4章 数 列

4.1 数列的有关概念

知识点

一般数列的通项公式.

例题分析

【例1】 根据数列的前几项,写出下列各数列的一个通项公式.

(1) $1,4,9,16,\cdots$ 　　　　(2) $-1,\dfrac{2^2}{3},-\dfrac{2^3}{4},\dfrac{2^4}{5},-\dfrac{2^5}{6},\cdots$

解:(1)把数列中的各项与它们的项数列表进行比较

项数 n:1,　　　　　2,　　　3,　　　4,　　　$\cdots$,　n,　$\cdots$

项 a_n:$1=1^2$,　$4=2^2$,　$9=3^2$,　$16=4^2$,　$\cdots$,　n^2,　$\cdots$

所以数列的通项公式为 $a_n=n^2$.

(2)把数列中的各项与它们的项数列表进行比较

项数 n:1,　2,　　　3,　　　4,　　　5,　$\cdots$,　　　　n,　　　　$\cdots$

项 a_n:-1,　$\dfrac{2^2}{3}$,　$-\dfrac{2^3}{4}$,　$\dfrac{2^4}{5}$,　$-\dfrac{2^5}{6}$,　$\cdots$,　$(-1)^n\dfrac{2^n}{n+1}$,　$\cdots$

所以数列的通项公式为 $a_n=(-1)^n\dfrac{2^n}{n+1}$.

【例2】 已知下列数列的通项公式,分别求出它们前4项.

(1) $a_n=2n+1$;　　　　(2) $a_n=\dfrac{n}{n+1}$.

解:(1)$a_1=2\times1+1=3$ 　　　　$a_2=2\times2+1=5$

　　$a_3=2\times3+1=7$ 　　　　$a_4=2\times4+1=9$

(2)$a_1=\dfrac{1}{1+1}=\dfrac{1}{2}$ 　　　　$a_2=\dfrac{2}{2+1}=\dfrac{2}{3}$

　　$a_3=\dfrac{3}{3+1}=\dfrac{3}{4}$ 　　　　$a_4=\dfrac{4}{4+1}=\dfrac{4}{5}$

【例3】 若数列 $\{a_n\}$ 的第1项是2,以后各项由公式 $a_n=\dfrac{a_{n-1}}{1-a_{n-1}}$ 给出,写出这个数列的前4项.

解:$a_1 = 2$ $\qquad$ $a_2 = \dfrac{2}{1-2} = -2$

$$a_3 = \dfrac{-2}{1-(-2)} = -\dfrac{2}{3} \qquad a_4 = \dfrac{-\dfrac{2}{3}}{1-\left(-\dfrac{2}{3}\right)} = -\dfrac{2}{5}$$

练 习

1.写出下列各数列的通项公式.

(1)2,4,6,8,… $\qquad$ 则 $a_n =$ _____ ,

(2)0,3,8,15,24,35,… $\qquad$ 则 $a_n =$ _____ ,

(3)$\dfrac{1}{2},\dfrac{1}{4},\dfrac{1}{8},\dfrac{1}{16},\cdots$ $\qquad$ 则 $a_n =$ _____ ,

(4)$\dfrac{1}{1\times 2},-\dfrac{1}{2\times 3},\dfrac{1}{3\times 4},-\dfrac{1}{4\times 5},\cdots$ $\qquad$ 则 $a_n =$ _____ .

2.数列 $\{a_n\}$ 中,已知 $a_n = \dfrac{n+1}{n}$,那么 $a_5 =$ _____ .

3.已知数列 $a_n = n(n+1)$,则 56 是这个数列的第 _____ 项.

4.在数列 $\{a_n\}$ 中,已知它的前 4 项是 $\dfrac{1}{2},\dfrac{3}{4},\dfrac{7}{8},\dfrac{15}{16},\cdots$ 则第 5 项是( ).

A.$\dfrac{25}{32}$ $\qquad$ B.$\dfrac{31}{32}$ $\qquad$ C.$\dfrac{27}{32}$ $\qquad$ D.1

4.2 等差数列

知识点

等差数列的定义、通项公式、中项公式、前 n 项和公式.

例题分析

【例1】 已知等差数列 2,6,10,14,… 则其通项公式 $a_n =$ _____ .

解:由题意得 $a_1 = 2, d = a_2 - a_1 = 4$

由 $a_n = a_1 + (n-1)d$,得 $a_n = 4n-2$.

【例2】 在等差数列 $\{a_n\}$ 中,$a_2 + a_4 = 6$,则 $a_3 =$ _____ .

解:在等差数列中,若 $p+q = m+n$,则有 $a_p + a_q = a_m + a_n$

所以 $a_2 + a_4 = a_3 + a_3 = 2a_3 = 6, a_3 = 3$.

【例3】 在等差数列 $\{a_n\}$ 中,$a_1 = -60, a_{17} = -12$,求 d, a_{20}, S_{20}.

解:因为 $a_{17} = a_1 + 16d$,所以 $-12 = -60 + 16d, d = 3$

又因为 $a_{20} = a_1 + 19d = -60 + 19 \times 3 = -3$

所以 $S_{20} = \dfrac{20 \times (a_1 + a_{20})}{2} = 10 \times (-60 - 3) = -630.$

【例4】 等差数列 $\{a_n\}$ 的前 11 项和 $S_{11} = 55$, 公差 $d = 2$, 则 a_1 的值是多少?

解:因为 $S_{11} = 11a_1 + \dfrac{11(11-1)}{2} \times 2 = 55$, 所以 $a_1 = -5.$

【例5】 设 $\{a_n\}$ 为等差数列, $a_3 = 12$, $S_{12} > 0$, $S_{13} \leqslant 0$, $d \in \mathbf{Z}$, 求公差 d.

解:由题意可得 $\begin{cases} S_{12} > 0 \\ S_{13} \leqslant 0 \end{cases} \Rightarrow \begin{cases} 12a_1 + \dfrac{12 \times 11}{2}d > 0 \\ 13a_1 + \dfrac{13 \times 12}{2}d \leqslant 0 \end{cases} \Rightarrow \begin{cases} 2a_1 + 11d > 0 \\ a_1 + 6d \leqslant 0 \end{cases}$

又因为 $a_3 = 12$, 即 $a_1 = 12 - 2d$

所以 $\begin{cases} 24 + 7d > 0 \\ 3 + d \leqslant 0 \end{cases} \Rightarrow \begin{cases} d > -\dfrac{24}{7} \\ d \leqslant -3 \end{cases}$

解得 $-\dfrac{24}{7} < d \leqslant -3$, 又因为 $d \in \mathbf{Z}$, 所以 $d = -3.$

练习

1. 已知等差数列 $\{a_n\}$ 中, $a_3 = 5$, $a_7 = 21$, 则公差 $d = $ _____.

2. 已知等差数列 $\{a_n\}$ 中, $a_1 + a_7 = 12$, 则 $a_2 + a_6 = $ _____.

3. 已知等差数列 $\{a_n\}$ 中, $a_1 = 2$, $d = 1$, 则 $S_8 = $ _____.

4. 数 2 和 4 的等差中项为(　　).
　　A.1　　　　　　　B.2　　　　　　　C.3　　　　　　　D.4

5. 已知等差数列 $\{a_n\}$ 中, $a_1 = -4$, $a_{10} = 20$, 则 $S_{10} = ($　　).
　　A.80　　　　　　B.16　　　　　　　C.320　　　　　　D.160

6. 在等差数列 $\{a_n\}$ 中, 已知 $a_5 = 8$, $a_{10} = 28$, 求 d 和 a_n.

7. 在等差数列 $\{a_n\}$ 中, 已知 $a_5 = -6$, $a_{12} = 15$, 求 S_{60}.

8. 在等差数列 $\{a_n\}$ 中, 已知 $S_n = 5n^2 + 3n$, 求 a_1, d 和 a_{20}.

4.3　等比数列

知识点

等比数列的定义、通项公式、中项公式、前 n 项和公式.

📝 **例题分析** ▶▶▶

【例1】 已知 3 个数 $3-2\sqrt{2}$，x，$3+2\sqrt{2}$ 依次组成等比数列，则 x 的值为＿＿＿＿＿＿．

解：由等比中项 $b^2=ac$ 可知 $x^2=(3-2\sqrt{2})(3+2\sqrt{2})=3^2-(2\sqrt{2})^2=1$

所以 $x=\pm1$.

【例2】 在等比数列 $\{a_n\}$ 中，S_n 是它的前 n 项和，$a_2=2$，$S_3=7$，求公比 q 的值．

解：由 $\begin{cases} 2=a_1q & ① \\ 7=\dfrac{a_1(1-q^3)}{1-q} & ② \end{cases}$，解得 $q=\dfrac{1}{2}$ 或 2.

【例3】 在等比数列 $\{a_n\}$ 中，$a_3=9$，$9a_2+a_4=54$，求：

(1) $\{a_n\}$ 的通项公式；　　　　　(2) $\{a_n\}$ 的前 n 项和 S_n.

解：(1) 由已知得 $\begin{cases} a_3=a_1q^2=9 & ① \\ 9a_2+a_4=9a_1q+a_1q^3=54 & ② \end{cases}$

由 $\dfrac{①}{②}$ 得 $\dfrac{a_1q^2}{9a_1q+a_1q^3}=\dfrac{9}{54}$，即 $\dfrac{q}{9+q^2}=\dfrac{1}{6}$

解得 $q=3$，$a_1=1$

所以 $a_n=a_1q^{n-1}=3^{n-1}$.

(2) 它的前 n 项和 $S_n=\dfrac{a_1(1-q^n)}{1-q}=\dfrac{1-3^n}{1-3}=\dfrac{3^n-1}{2}$.

【例4】 在等比数列 $\{b_n\}$ 中，$b_5+b_6=48$，$b_7-b_5=48$，求 b_n 和 S_{10}.

解：由已知得 $\begin{cases} b_1q^4+b_1q^5=48 \\ b_1q^6-b_1q^4=48 \end{cases} \Rightarrow \begin{cases} b_1q^4(1+q)=48 & ① \\ b_1q^4(q+1)(q-1)=48 & ② \end{cases}$

代①入②得 $q-1=1$，$q=2$

将 $q=2$ 代入式①得 $b_1=1$

所以 $b_n=b_1q^{n-1}=2^{n-1}$

$S_{10}=\dfrac{b_1(1-q^{10})}{1-q}=\dfrac{1-2^{10}}{1-2}=1023$.

【例5】 各项为正的等比数列 $\{a_n\}$ 中，若 $a_5a_6=9$，求 $\log_3a_1+\log_3a_2+\cdots+\log_3a_{10}$ 的值．

解：因为 $a_1a_2\cdots a_{10}=(a_1a_{10})(a_2a_9)\cdots(a_5a_6)=9^5$（$a_1a_{10}=a_2a_9=\cdots=a_5a_6$）

所以 $\log_3a_1+\log_3a_2+\cdots+\log_3a_{10}=\log_3(a_1a_2\cdots a_{10})=\log_39^5=5\log_39=10$.

✏️ **练习** ▶▶▶

1.已知等比数列 $\{a_n\}$ 中，$a_2=2$，$a_4=8$，则公比 $q=$ ＿＿＿＿＿＿＿．

2.已知等比数列 $\{a_n\}$ 中，$a_2\cdot a_9=10$，则 $a_3\cdot a_8=$ ＿＿＿＿＿＿＿．

3.$7+3\sqrt{3}$ 和 $7-3\sqrt{3}$ 的等比中项是＿＿＿＿＿＿＿．

4.已知等比数列 $\{a_n\}$ 中，若公比 $q=4$，且前 3 项和等于 21，则该数列的通项公式 $a_n=$ ＿＿＿＿＿＿＿．

5.设 $5, x+1, 5$ 成等比数列,则 $x=($ 　　 $)$.

　　A.4 或 -4 　　　　B.-4 或 6 　　　　C.4 或 -6 　　　　D.4 或 6

6.已知等比数列的公比 $q=2$,若前 4 项和等于 1,那么前 8 项和等于(　　).

　　A.15 　　　　　　B.17 　　　　　　C.19 　　　　　　D.21

7.在等比数列 $\{a_n\}$ 中,$a_2=2$,$a_5=16$,求前 6 项的和 S_6.

8.在等比数列 $\{a_n\}$ 中,$S_5=242$,$q=3$,求 a_1 和 a_5.

自测题

1.选择题

　　(1)等差数列 $\{a_n\}$ 中,$a_1=3$,公差 $d=2$,则 $a_8=($ 　　 $)$.

　　　　A.15 　　　　　　B.16 　　　　　　C.17 　　　　　　D.19

　　(2)等比数列 $\{a_n\}$ 中,$a_2=-2$,$a_4=-8$,则公比 $q=($ 　　 $)$.

　　　　A.-2 　　　　　　B.±2 　　　　　　C.2 　　　　　　D.$\dfrac{1}{2}$

　　(3)2 和 8 的等比中项是(　　).

　　　　A.5 　　　　　　B.±5 　　　　　　C.4 　　　　　　D.±4

　　(4)下列各组数中,构成等比数列的是(　　).

　　　　A.2,4,6 　　　　B.1,4,9 　　　　C.$\sqrt{2}$,$2\sqrt{8}$ 　　　　D.lg 3,lg 9,lg 27

　　(5)数列 $0,2,0,2,\cdots$ 的一个通项公式是(　　).

　　　　A.$a_n=1+(-1)^{n-1}$ 　　B.$a_n=1+(-1)^n$ 　　C.$a_n=1-(-1)^n$ 　　D.$a_n=2\cos n\pi$

　　(6)等比数列 $1,-2,4,-8,\cdots$ 则 1024 是它的第(　　).

　　　　A.9 项 　　　　　　B.10 项 　　　　　　C.11 项 　　　　　　D.12 项

　　(7)2 和 8 的等差中项是(　　).

　　　　A.4 　　　　　　B.10 　　　　　　C.5 　　　　　　D.6

　　(8)在等差数列 $\{a_n\}$ 中,公差 $d=-2$,S_n 为前 n 项和且 $S_{10}=S_{11}$,则 $a_1=($ 　　 $)$.

　　　　A.18 　　　　　　B.20 　　　　　　C.22 　　　　　　D.24

　　(9)在等比数列 $\{a_n\}$ 中,若 $a_4=8$,$q=-2$,则 $a_7=($ 　　 $)$.

　　　　A.-64 　　　　　　B.64 　　　　　　C.-48 　　　　　　D.48

　　(10)在等比数列 $\{a_n\}$ 中,S_n 为前 n 项和,$a_2=2$,$S_3=7$,则公比 $q=($ 　　 $)$.

　　　　A.$\pm\dfrac{1}{2}$ 　　　　B.$\dfrac{1}{2}$ 或 2 　　　　C.$\dfrac{1}{2}$ 或 -2 　　　　D.±2

　　(11)若等比数列 $\{a_n\}$ 的公比为 3,$a_4=9$,则 $a_1=($ 　　 $)$.

A.27   B.$\dfrac{1}{9}$ C.$\dfrac{1}{3}$ D.3

(12)等差数列$\{a_n\}$中,若$a_1=2,a_3=6$,则$a_2=$(   ).

A.3   B.4   C.8   D.12

(13)已知一个等差数列的首项为1,公差为3,那么该数列的前5项和为(   ).

A.35   B.30   C.20   D.10

(14)已知25与实数m的等比中项是1,则$m=$(   ).

A.$\dfrac{1}{25}$ B.$\dfrac{1}{5}$ C.5   D.25

(15)已知一个等差数列的第5项等于10,前3项和等于3,那么这个等差数列的公差为(   ).

A.3   B.1   C.-1 D.-3

(16)数列$\{a_n\}$中,已知$a_{n+1}=a_n+\dfrac{1}{2},a_1=2$,则$a_{101}=$(   ).

A.49   B.50   C.51   D.52

(17)"$b^2=ac$"是"a,b,c成等比数列"的(   ).

A.充分条件   B.必要条件   C.充要条件   D.非充分非必要

2.填空题

(1)等差数列$\{a_n\}$的前11项和$S_{11}=209$,公差$d=4$,则$a_1=$_____.

(2)在等差数列$\{a_n\}$中,$a_1=18,d=-3,S_n=18$,则$n=$_____.

(3)在等比数列$\{a_n\}$中,S_n是前n项和,其中$a_3=4,S_3=7$,那么公比$q=$_____.

(4)已知3个数$4-\sqrt{15},x,4+\sqrt{15}$依次组成等比数列,则$x$的值为_____.

3.解答题

(1)已知等差数列$\{a_n\}$的公差$d\neq 0,a_1=\dfrac{1}{2}$,且a_1,a_2,a_5成等比数列,

①求$\{a_n\}$的通项公式;   ②若$\{a_n\}$的前n项和$S_n=50$,求n.

(2)已知公比为$q(q\neq 1)$的等比数列$\{a_n\}$中,$a_1=-1$,前3项和$S_3=-3$,

①求q;   ②求$\{a_n\}$的通项公式.

(3)已知等比数列$\{a_n\}$中,$a_1a_2a_3=27$,

①求a_2;

②若$\{a_n\}$的公比$q>1$,且$a_1+a_2+a_3=13$,求$\{a_n\}$的前8项和.

(4)已知等差数列$\{a_n\}$的首项与公差相等,$\{a_n\}$的前n项和记作S_n,且$S_{20}=840$,

①求数列$\{a_n\}$的首项a_1及通项公式;   ②数列$\{a_n\}$的前多少项和等于84.

第5章 复 数

5.1 复数的定义与表示法

知识点

复数定义的理解(实部、虚部);$i^2 = -1$ 的应用;幅角主值的计算.

例题分析

【例1】 已知 i 为虚数单位,则 $i \cdot i^2 \cdot i^3 \cdot i^4 \cdot i^5$ 的值为( ).

A.1   B.−1   C.i   D.−i

解:$i \cdot i^2 \cdot i^3 \cdot i^4 \cdot i^5 = i^{1+2+3+4+5} = i^{15} = i^3 = -i$,选 D.

【例2】 求复数 $z = -\dfrac{1}{2} + \dfrac{\sqrt{3}}{2} i$ 的辐角主值.

解:因为 $a = -\dfrac{1}{2}, b = \dfrac{\sqrt{3}}{2}$,则点 $\left(-\dfrac{1}{2}, \dfrac{\sqrt{3}}{2} \right)$ 落在第二象限,$\tan \theta = \dfrac{b}{a} = -\sqrt{3}$,则 $\theta = 120°$.

练习

1.计算:(1)$i^{15} + i^{20} + i^{30} + i^{35}$;   (2)$i^{2016} + i^{2017} + i^{2018}$.

2.求下列复数的辐角主值:$z = i, z = -2i, z = -1-i, z = \dfrac{\sqrt{3}}{2} - \dfrac{1}{2}i$.

3.复数 $\dfrac{i^3}{1+2i}$(i 是虚数单位)的实部是( ).

A.$\dfrac{2}{5}$ B.$-\dfrac{2}{5}$ C.$\dfrac{1}{5}$ D.$-\dfrac{1}{5}$

4.复数 $(i + i^2 + i^3)(1-i)$ 的实部是_____.

5.2　复数的相等与分类

知识点

复数的相等、复数的分类.

例题分析

【例1】　已知 i 为虚数单位,若 $i(m-i)=1-2i$,则实数 $m=$(　　).

A.2　　　　　　　　B.1　　　　　　　　C.−1　　　　　　　　D.−2

解:$i(m-i)=1-2i\Rightarrow i\cdot m-i^2=1+m\cdot i=1-2i\Rightarrow m=-2$.选 D.

【例2】　若 $(m+i)^2$ 是纯虚数,则实数 $m=$(　　).

A.0　　　　　　　　B.±1　　　　　　　　C.1　　　　　　　　D.−1

解:$(m+i)^2=m^2+2mi+i^2=m^2-1+2mi$ 是纯虚数$\Rightarrow m^2-1=0\Rightarrow m=\pm1$.选 B.

【例3】　若实数 x,y 满足 $(1+i)x+(1-i)y=2$,则 xy 的值等于(　　).

A.1　　　　　　　　B.2　　　　　　　　C.−1　　　　　　　　D.−3

解:$(1+i)x+(1-i)y=(x+y)+(x-y)i=2\Rightarrow\begin{cases}x+y=2\\x-y=1\end{cases}\Rightarrow\begin{cases}x=1\\y=1\end{cases}\Rightarrow xy=1$.选 A.

练习

1.已知 $\dfrac{a+2i}{i}=b+i(a,b\in\mathbf{R})$,则 $a+b=$(　　).

A.−1　　　　　　　　B.1　　　　　　　　C.2　　　　　　　　D.3

2.若 $a,b\in\mathbf{R}$,i 为虚数单位,且 a,b 满足 $ai+i^2=b+i$,则(　　).

A.$a=1,b=1$　　　　B.$a=-1,b=1$　　　　C.$a=-1,b=-1$　　　　D.$a=1,b=-1$

3.复数 $(x^2-2x-3)+(x^2-1)i$,当 x ＿＿＿＿＿＿时,该复数为实数;当 x ＿＿＿＿＿＿时,该复数为虚数;当 x ＿＿＿＿＿＿时,该复数为纯虚数;当 x ＿＿＿＿＿＿时,该复数为零.

5.3　复数的运算

知识点

复数的运算(四则运算、乘方法则).

例题分析

【例1】　复数 $\dfrac{2i}{1-i}=$(　　).

A.$1+i$　　　　　　　　B.$1-i$　　　　　　　　C.$-1-i$　　　　　　　　D.$-1+i$

解：$\dfrac{2i}{1-i}=\dfrac{2i(1+i)}{(1-i)(1+i)}=\dfrac{2i+2i^2}{2}=-1+i$. 选 D.

【例2】 已知 i 为虚数单位，则 $(2-3i)\cdot(3+2i)=$（　　）.

　　　　A.12-13i　　　　　　B.-5i　　　　　　　C.12-5i　　　　　　　　D.12+5i

解：$(2-3i)\cdot(3+2i)=6+4i-9i-6i^2=12-5i$. 选 C.

【例3】 设 $Z=1+\sqrt{3}i$，i 是虚数单位，则 $\dfrac{1}{Z}=$（　　）.

　　　　A.$\dfrac{2+\sqrt{3}i}{2}$　　　　　B.$\dfrac{2-\sqrt{3}i}{2}$　　　　　C.$\dfrac{1+\sqrt{3}i}{4}$　　　　　D.$\dfrac{1-\sqrt{3}i}{4}$

解：$\dfrac{1}{z}=\dfrac{1}{1+\sqrt{3}i}=\dfrac{1-\sqrt{3}i}{(1+\sqrt{3}i)(1-\sqrt{3}i)}=\dfrac{1-\sqrt{3}i}{4}$. 选 D.

【例4】 已知复数 $z=-3-4i$，则 $\dfrac{1}{z}$ 的虚部为（　　）.

　　　　A.$\dfrac{4}{5}$　　　　　　B.$\dfrac{4}{5}i$　　　　　　C.$\dfrac{4}{25}$　　　　　　D.$\dfrac{4}{25}i$

解：$\dfrac{1}{z}=\dfrac{1}{-3-4i}=\dfrac{-3+4i}{(-3-4i)(-3+4i)}=\dfrac{-3+4i}{5}$. 选 A.

【例5】 设 a,b 为实数，若复数 $\dfrac{1+2i}{a+bi}=1+i$，则（　　）.

　　　　A.$a=\dfrac{3}{2},b=\dfrac{1}{2}$　　B.$a=3,b=1$　　C.$a=\dfrac{1}{2},b=\dfrac{3}{2}$　　D.$a=1,b=3$

解：$\dfrac{1+2i}{a+bi}=1+i\Rightarrow\dfrac{1+2i}{1+i}=a+bi\Rightarrow\dfrac{(1+2i)(1-i)}{(1+i)(1-i)}=\dfrac{3+i}{2}=a+bi\Rightarrow\begin{cases}a=\dfrac{3}{2}\\b=\dfrac{1}{2}\end{cases}$. 选 A.

练习

1.设 $z=1+2i$，i 为虚数单位，则 $z+\bar{z}=$（　　）.

　　A.-2i　　　　　　B.2i　　　　　　　C.-2　　　　　　　D.2

2.i 为虚数单位，则复数 $z=\dfrac{1-i}{3+2i}$ 的虚部为（　　）.

　　A.$\dfrac{5}{13}$　　　　　B.$\dfrac{5}{13}i$　　　　　C.$-\dfrac{5}{13}$　　　　　D.$-\dfrac{5}{13}i$

3.$(1+2i)(1-i)=$（　　）.

　　A.3i　　　　　　B.3+i　　　　　　C.-1+i　　　　　　D.1-3i

4.若复数 $(1+bi)(2+i)$ 是纯虚数（i 是虚数单位，b 是实数），则 $b=$（　　）.

　　A.2　　　　　　B.-2　　　　　　C.$\dfrac{1}{2}$　　　　　　D.$-\dfrac{1}{2}$

5.如果复数 $\dfrac{2-bi}{1+i}$（其中 i 为虚数单位，b 为实数）的实部和虚部互为相反数，则 $b=$（　　）.

  A.0   B.1   C.2   D.3

6.复数 $(-i+\sqrt{3})^2$ 的虚部是（　　）.

  A.$-2\sqrt{3}\,i$ B.$-2\sqrt{3}$ C.$2\sqrt{3}\,i$ D.$2\sqrt{3}$

自测题

1.选择题

 (1)设 a,b 为实数，若复数 $1+2i=(a-b)+(a+b)i$，则（　　）.

  A.$a=\dfrac{3}{2},b=\dfrac{1}{2}$ B.$a=3,b=1$ C.$a=\dfrac{1}{2};b=\dfrac{3}{2}$ D.$a=1,b=3$

 (2)已知复数 z 满足 $z+i-3=3-i$，则 $z=$（　　）.

  A.0   B.2i   C.6   D.6-2i

 (3)i 是虚数单位，若集合 $S=\{-1,0,1\}$，则（　　）.

  A.$i\in S$ B.$i^2\in S$ C.$i^3\in S$ D.$\dfrac{2}{i}\in S$

 (4)复数 $\dfrac{i^2+i^3+i^4}{1-i}=$（　　）.

  A.$-\dfrac{1}{2}-\dfrac{1}{2}i$ B.$-\dfrac{1}{2}+\dfrac{1}{2}i$ C.$\dfrac{1}{2}-\dfrac{1}{2}i$ D.$\dfrac{1}{2}+\dfrac{1}{2}i$

 (5)设 z 的共轭复数是 $\bar{z}$，若 $z+\bar{z}=4$，$z\cdot\bar{z}=8$，则 $\dfrac{\bar{z}}{z}$ 等于（　　）.

  A.i   B.$-i$ C.±1 D.$\pm i$

 (6)复数 $z=(3-2i)\cdot i$ 的共轭复数 z 等于（　　）.

  A.$-2-3i$ B.$-2+3i$ C.$2-3i$ D.$2+3i$

 (7)已知 $(x+i)(1-i)=y$，则 x,y 分别为（　　）.

  A.$x=-1,y=1$ B.$x=-1,y=2$ C.$x=1,y=1$ D.$x=1,y=2$

 (8)已知 $i^2=-1$，则 $i(1-\sqrt{3}i)=$（　　）.

  A.$\sqrt{3}-i$ B.$\sqrt{3}+i$ C.$-\sqrt{3}-i$ D.$-\sqrt{3}+i$

 (9)设 $a,b\in\mathbf{R}$，i 是虚数单位，则"$ab=0$"是"复数 $a+\dfrac{b}{i}$ 为纯虚数"的（　　）条件.

  A.充分不必要   B.必要不充分

  C.充分必要   D.既不充分也不必要

 (10)如果一个复数与它的模的和为 $5+\sqrt{3}i$，那么这个复数是（　　）.

  A.$\sqrt{\dfrac{11}{5}}$ B.$\sqrt{3}i$ C.$\dfrac{11}{5}+\sqrt{3}i$ D.$\dfrac{11}{5}+2\sqrt{3}i$

(11)复数$\dfrac{2+i}{1-2i}$的共轭复数是( ).

    A.$-\dfrac{3}{5}i$ B.$\dfrac{3}{5}i$ C.$-i$ D.i

(12)i 是虚数单位,$\left(\dfrac{1+i}{1-i}\right)^4$ 等于( ).

    A.i B.$-i$ C.1 D.-1

(13)化简$\dfrac{2+4i}{1-i^2}$的结果是( ).

    A.$2+i$ B.$-2+i$ C.$2-i$ D.$-2-i$

(14)已知复数 z 满足$(3+4i)\cdot z=25$,则 $z=$( ).

    A.$-3+4i$ B.$-3-4i$ C.$3+4i$ D.$3-4i$

(15)满足$\dfrac{z+i}{z}=i$(i 为虚数单位)的复数 $z=$( ).

    A.$\dfrac{1}{2}+\dfrac{1}{2}i$ B.$\dfrac{1}{2}-\dfrac{1}{2}i$ C.$-\dfrac{1}{2}+\dfrac{1}{2}i$ D.$-\dfrac{1}{2}-\dfrac{1}{2}i$

(16)$\bar{z}$是 z 的共轭复数,若 $z+\bar{z}=2$,$(z-\bar{z})\cdot i=2$(i 为虚数单位),则 $z=$( ).

    A.$2-i$ B.$-2-i$ C.$2+i$ D.$-2-i$

(17)把复数 z 的共轭复数记作$\bar{z}$,i 为虚数单位,若 $z=1+i$,则$(1+z)\cdot\bar{z}=$( ).

    A.$3-i$ B.$3+i$ C.$1+3i$ D.3

2.填空题

(1)已知复数 $z=(3+i)^2$(i 为虚数单位),则 $|z|=$_____.

(2)复数 $z=\dfrac{1}{1-i}$的共轭复数是_____.

(3)若 $2+i=m\left(1+\dfrac{1}{2}\right)i$,则 $m=$_____.

(4)若复数$\dfrac{a-2i}{1+3i}$为实数,则实数 $a=$_____.

3.解答题

(1)已知复数 z 与$(z+2)^2-8i$ 都是纯虚数,求 z.

(2)已知 x 是实数,y 是纯虚数,且满足$(2x-1)+(3-y)i=y-1$,求 x,y.

(3)已知复数 $z=(3m^2-5m+2)+(m-1)\mathrm{i}(m\in\mathbf{R})$,若 $\bar{z}$ 所对应的点在第四象限,求 m 的取值范围.

(4)若 $x,y\in\mathbf{R}$,复数 $(3x+2y)+5x\mathrm{i}$ 与复数 $(y-2)\mathrm{i}+18$ 的共轭复数相等,求 x,y.

第6章　排列与组合　二项式定理

6.1　两个原理

知识点

两个基本原理(分类计数原理、分步计数原理).

例题分析

【例1】　从甲地到乙地,有三类交通工具可用,即汽车13班、火车5班、飞机2班,问从甲地到乙地共有多少种不同走法?

如图所示:

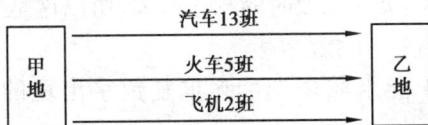

分析:因为乘三类交通工具都可以到达乙地,因此共有 13+5+2=20 种不同走法.

【例2】　从甲地到乙地再到丙地,其中甲地到乙地有3种方式,乙地到丙地有2种方式,问从甲地到乙地共有多少种不同走法?

如图所示:

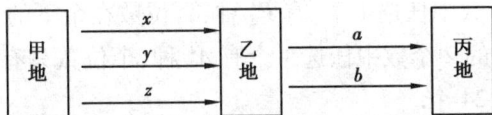

分析:首先从甲地到乙地选定一种方式,再从乙地可有2种方式到达丙地,而甲地到乙地共有3种方式,因此共有 3×2=6 种不同方式.

练习

1.从甲地到乙地,可以乘坐汽车、火车、飞机中的任何一种,汽车每日5班,火车每日3班,飞机每日1班,问从甲地到乙地,一日中共有多少种不同的走法?

2.学校开设英、法、德、日4门外文课和3门不同的计算机课程,某学生从中选修外语和计算机各2门课的方法有多少种?

6.2　排　列

知识点

排列的定义、种数公式和应用计算.

例题分析

【例1】　飞行在北京—上海—广州间的民航飞机,应准备多少种不同的飞机票?

分析:这个问题就是从 3 个民航站中,每次取出两个站,按起点在前,终点在后的顺序要求,求一共有多少种飞机票?

分两步:第一步确定起点站,在 3 个站中任选一个,有 3 种不同的选法.

第二步确定终点站,在剩下的两个站中任选一个,有 2 种选法.

解:根据乘法原理,共需准备 $A_3^2 = 6$ 种不同的机票.

【例2】　从 1,3,5,7 中任取两个不同的数,分别记作 k,b,作直线 $y = kx + b$,最多可作直线多少条?

分析:由于直线 $y = kx + b$ 与 k,b 取数时的顺序有关,所以这是一个排列问题.

解:最多可作直线 $A_4^2 = 4 \times 3 = 12$ 条.

【例3】　数字 1,2,3,4 能组成多少个无重复数字出现的:(1)两位数;(2)三位数;(3)四位数.

解:(1)十位数可在 4 个数中任选 1 个,有 A_4^1 种,个位数则在余下的 3 个数中任选 1 个,有 A_3^1 种,共有 $A_4^1 \cdot A_3^1 = 12$ 个.

(2)百位数在 4 个数中任选 1 个,有 A_4^1 种,十位数在余下的 3 个数中任选 1 个,有 A_3^1 种,个位数在余下的数中选 1 个,有 A_2^1 种,共有 $A_4^1 \cdot A_3^1 \cdot A_2^1 = 24$ 个.

(3)千位数在 4 个数中任选 1 个,有 P_4^1 种,百位数在余下的 3 个数中任选 1 个,有 P_3^1 种,十位数在余下的 2 个数中任选 1 个有 A_2^1 种,个位数只有 1 种选法,有 A_1^1 种,共有 $A_4^1 \cdot A_3^1 \cdot A_2^1 \cdot A_1^1 = 24$ 个.

【例4】　用数字 0,1,2,3,4,5 能组成多少个没有重复数字出现的:(1)六位数;(2)四位数.

解:(1)六位数中,十万位数字可由 1,2,3,4,5 中任选一个,有 A_5^1 种选法,剩余的 4 个数字和 0 在万位数直至个位的位置上有 P_5^5 种排法,故所求六位数的个数为 $A_5^1 \cdot A_5^5 = 600$ 个.

(2)四位数中,千位数字可由 1,2,3,4,5 中任选 1 个,有 A_5^1 种选法,百位数直至个位数的 3 个位置上可由上述 5 个数字剩余的 4 个和 0 共 5 个数字,任选 3 个排列,有 A_5^3 种.故所求四位数为 $P_5^1 \cdot P_5^3 = 300$ 个.

【例5】　7 个人并排坐在 7 个座位上照相,

(1)有多少种不同的坐法?

(2)如果某一人必须坐在中间有多少种坐法?

(3)如果某两人必须坐在一起,有多少种不同的坐法?

(4)如果其中某 4 人与其余 3 人必须相间而坐,有多少种不同的坐法?

解：(1)有 $A_7^7 = 5\,040$ 种坐法.

(2)有 $A_6^6 = 720$ 种坐法.

(3)若某 2 人必须坐在一起,可先把他们视为一个整体,成为 6 个人占 6 个位置的问题；再把此二人位置对调,有 A_2^2 种坐法,总共有 $A_6^6 \cdot A_2^2 = 1\,440$ 种坐法.

(4)某 4 人坐在 4 个位置上,有 A_4^4 种坐法.这 4 人坐定位,其余 3 人插空坐在 3 个位置上,有 A_3^3 种坐法,故共有 $A_4^4 \cdot A_3^3 = 144$ 种坐法.

练习

1.在甲站与乙站的铁路线上,中间有 12 个车站,共需准备多少种普通客票?

2.7 个学生站成一排照相,①学生甲必须站在中间,共有多少种不同的站法? ②某学生必须不在中间,有多少种不同的站法? ③甲乙 2 人必须站在一起的不同站法有多少种? ④某学生站在奇数位置的不同站法有多少种?

3.用数字 0,1,2,3,4,5 可组成无重复数字的三位数多少个? 三位奇数多少个? 四位偶数多少个?

6.3　组　合

知识点

组合的定义、性质和种数公式的应用.

例题分析

【例 1】　一个集合有 8 个元素,这个集合包含 3 个元素的子集有多少个?

分析：由于集合与元素的顺序无关,故这是一个组合问题.

解：共有 $C_8^3 = \dfrac{8 \times 7 \times 6}{3 \times 2 \times 1} = 56$ 个.

【例 2】　某小组共有 10 名学生,其中女生 3 人.现选举 2 人当代表,要求至少有一名女生当选,问共有多少种选法?

分析：从 10 名学生中选出 2 人当代表,共有 C_{10}^2 种选法,其中包括选出的 2 人全部是男生的情况,有 C_7^2 种,应去除.

解：共有 $C_{10}^2 - C_7^2 = \dfrac{1}{2} \times 10 \times 9 - \dfrac{1}{2} \times 7 \times 6 = 24$ 种选法.

【例3】 某办公室有 5 人,现从中选出 3 人,

(1)排成一排照相,有多少种照法?

(2)打扫办公室,有多少种选法?

分析:(1)排成一排照相与次序有关系,为排列问题.

(2)打扫办公室与次序无关系,为组合问题.

解:(1)有 $A_5^3 = 5 \times 4 \times 3 = 60$ 种.

(2)有 $C_5^3 = \dfrac{5 \times 4 \times 3}{3 \times 2 \times 1} = 10$ 种.

【例4】 从 6 位同学中任意选出 4 位参加公益活动,不同的选法共有_____种.

        A.30   B.15   C.10   D.6

解:这是一个从 6 人中选出 4 人的组合问题,共有 $C_6^4 = \dfrac{6 \times 5 \times 4 \times 3}{4 \times 3 \times 2 \times 1} = 15$ 种.选 B.

【例5】 用 0,1,2,3 这 4 个数字组成没有重复数字的四位数共有_____个.

        A.24   B.18   C.12   D.10

解:这是一个排列问题,0 不能排在千位的位置,共有 $A_3^1 \cdot A_3^3 = 3 \times 3 \times 2 \times 1 = 18$ 种.选 B.

【例6】 正六边形中,由任意 3 个顶点连线构成的三角形个数为( )个.

        A.6   B.20   C.120   D.720

解:这是一个组合问题,共有 $C_6^3 = \dfrac{6 \times 5 \times 4}{3 \times 2 \times 1} = 20$ 个.选 B.

【例7】 某学生从 6 门课程中选修 3 门,其中甲、乙两门课程至少选 1 门,则不同的选课方案共有( )种.

        A.4   B.12   C.16   D.20

解:(1)甲、乙两门课选 1 门,有 C_2^1 种;余下 4 门课选 2 门,有 C_4^2 种.

(2)甲、乙两门课选 2 门,有 C_2^2 种;余下 4 门课选 1 门,有 C_4^1 种.

$C_2^1 \cdot C_4^2 + C_2^2 \cdot C_4^1 = 16$ 种.选 C.

练习

1.已知集合 A 有 5 个元素,它的所有非空子集的个数是( )个.

        A.32   B.31   C.30   D.25

2.有 5 本不同的书借给甲、乙、丙三人,每人只借一本书,不同的借法有( )种.

        A.6   B.10   C.36   D.60

3.用 1,2,3,4,5,6 组成没有重复数字的不同的三位数共有( )种.

        A.120   B.60   C.20   D.216

4.从 9 个学生中选出 3 个做值日,不同的选法有( )种.

        A.3   B.9   C.84   D.504

5.从 13 名学生中选出两人担任正、副组长,不同的选举结果有( )种.

        A.26   B.78   C.156   D.169

6.从 50 件产品,任意抽取 3 件,共有多少种不同的抽法?

7.有五支球队参加比赛,第一轮每两队之间比赛一场,第二轮由第一轮比赛的前两名决冠亚军,三、四名决季军,共需进行多少场比赛?

8.某班有 30 名学生,其中女生 14 名,现选举 2 人当代表,要求至少有一名女生当选,则不同的选法共有多少种?

9.从编号 a,b,c,d,e 的 5 个小球中选取 4 个,放在编号为 $1,2,3,4$ 的盒子里,每个盒里放一个小球,且球 b 不能放在 2 号盒中,则不同的放法有多少种?

6.4　二项式定理

知识点

二项式定理的应用(通项公式、系数关系).

例题分析

【例1】　满足方程 $c_{16}^{x^2-x}=c_{16}^{5x-5}$ 的 x 是(　　).

　　A.$1,3,5,7$　　　　B.$1,3$　　　　C.1　　　　D.$3,5$

解:由组合的性质 $c_n^m=c_n^{n-m}$ 可知

　　原方程等价于 $x^2-x=5x-5$ 或 $x^2-x=16-(5x-5)$

　　解方程 $x^2-x=5x-5$,得 $x_1=1,x_2=5$

　　解方程 $x^2-x=16-(5x-5)$,得 $x_1=-7,x_2=3$

　　经验证 $x=5,x=-7$ 不合题意.选 B.

【例2】　已知 $\left(\dfrac{a}{x}-\sqrt{\dfrac{x}{2}}\right)^9$ 的展开式中 x^3 的系数为 $\dfrac{9}{4}$,则常数 a 的值为(　　).

　　A.2　　　　B.4　　　　C.6　　　　D.8

解:根据二项式定理,展开式通项为 $T_{r+1}=c_9\left(\dfrac{a}{x}\right)^{9-r}\left(-\dfrac{\sqrt{x}}{2}\right)^r=(-\sqrt{2})^{-r}a^{9-r}c_9^r x^{\frac{3}{2}r-9}$

　　由 $\dfrac{3}{2}r-9=3$ 得 $r=8$,所以 $a=4$.选 B.

【例3】　$\left(x-\dfrac{1}{\sqrt{x}}\right)^6\ (x\ne 0)$ 的展开式中的常数项是(　　).

　　A.C_6^3　　　　B.C_6^2　　　　C.$-C_6^3$　　　　D.$-C_6^2$

解:根据二项式定理,展开式通项为

$$T_{r+1}=c_6^r x^{6-r}\left(-\frac{1}{\sqrt{x}}\right)^6=(-1)^r c_6^r x^{6-\frac{3}{2}r}$$

由 $6-\frac{3}{2}r=0$ 得 $r=1$

所以 $T_5=T_{4+1}=c_6^4=c_6^2=\frac{6\times5}{2\times1}=15$. 选 C.

【例4】 $(\sqrt{x}+1)^{15}$ 的展开式中,二项式系数最大项是(　　).

　　A. $C_{15}^7 x^{\frac{7}{2}}$ 　　　　　　　　　　B. $C_{15}^8 x^4$

　　C. $c_{15}^7 x^4$ 和 $c_{15}^8 x^{\frac{7}{2}}$ 　　　　　　D. $c_{15}^7 x^{\frac{7}{2}}$ 和 $c_{15}^8 x^{\frac{7}{2}}$

解:展开式共有 $15+1=16$ 项,由二项式系数的性质可知,第8项和第9项二项系数相等,且最大 $T_8=c_{15}^7(\sqrt{x})^8=c_{15}^7 x^4$,$T_9=c_{18}^5(\sqrt{x})^7=c_{15}^8 x^{\frac{7}{2}}$. 选 C.

【例5】 $(x-\sqrt{x})^6$ 的展开式中,含 x^4 项的系数是(　　).

解:根据二项式定理,展开式的通项为

$$T_{r+1}=c_6^r x^{6-r}(-\sqrt{x})=c_6^r x^{6-r}(-1)^r x^{\frac{1}{2}r}=(-1)^r c_6^r x^{6-\frac{1}{2}r}$$

由 $x^{6-\frac{1}{2}r}=x^4$,得 $b-\frac{1}{2}r=4$,$r=4$

所以 $T_{r+1}=T_{4+1}=(-1)^4 c_6^4 x^4=c_6^2 x^4=15x^4$

故应为 15.

【例6】 $\left(x+\frac{1}{x}\right)^n$ 展开式中各项系数的和是512,那么 $n=$(　　).

　　A.10　　　　　　B.9　　　　　　C.8　　　　　　D.7

解:根据二项式系数的性质,有

$c_n^0+c_n^1+c_n^2+\cdots+c_n^n=2^n=512$

所以 $n=9$. 选 B.

【例7】 在 $(1+x)^n$ 的展开式中的第一项、第二项系数之和为 b,则 $n=$(　　).

　　A.5　　　　　　B.6　　　　　　C.7　　　　　　D.8

解:根据二项式定理,第一项系数为 $c_n^0=1$,第二项系数为 $c_n^1=n$,由题意,$1+n=6$,所以 $n=5$. 选 A.

练 习

1. $\left(\frac{1}{3}x^4-\frac{3}{x^3}\right)^6$ 的展开式中,x^{10} 的系数为(　　).

　　A. $-\frac{5}{27}$ 　　　　B. $\frac{5}{27}$ 　　　　C. $-\frac{27}{5}$ 　　　　D. $\frac{27}{5}$

2. $(ax-1)^8$ 的展开式中,x^5 的系数为(　　).

　　A.56　　　　　B. -56　　　　C. $56a^5$　　　　D. $-56a^5$

3. $\left(x-\frac{2}{x}\right)^6$ 的展开式中,常数项等于(　　).

　　A.20　　　　　B. -20　　　　C.160　　　　D. -160

4. $\left(a-\dfrac{1}{2}b\right)^8$ 展开式的所有项系数的总和是(   ).

    A.2^8 B.$\dfrac{1}{2^8}$ C.0   D.1

5. $\left(x+\dfrac{1}{\sqrt{x}}\right)^n$ 展开式中第9项为常数,则 n 的值为(   ).

    A.12   B.13   C.14   D.15

6. $\left(2x-\dfrac{1}{x^2}\right)^8$ 展开式中含 x^5 的项是_____.

自测题

1.选择题

(1)某学校为新生开设4门选修课程,规定每位新生至少选其中3门,则一位新生不同的选课方案共有(   )种.

    A.4   B.5   C.6   D.7

(2)从1,2,3,4,5中任取3个数,组成的没有重复数字的三位数共有(   ).

    A.80个   B.60个   C.40个   D.30个

(3)$\left(\sqrt{x}-\dfrac{1}{x}\right)^3$ 的展开式中的常数项为(   ).

    A.3   B.2   C.-2 D.-3

(4)将5本不同的历史书和2本不同的数学书排成一行,则两本数学书恰好在两端的概率为(   ).

    A.$\dfrac{1}{10}$ B.$\dfrac{1}{14}$ C.$\dfrac{1}{20}$ D.$\dfrac{1}{21}$

(5)$(x-2y)^5$ 的展开式中,x^3y^2 的系数是(   ).

    A.-40 B.-10 C.10   D.40

(6)将3封信投入4个信箱中,有(   )种不同的投法.

    A.7   B.12   C.64   D.81

(7)已知 $A_n^3=5A_n^2$,则 $n=$(   ).

    A.4   B.5   C.6   D.7

(8)10件产品中有2件次品,从这10件产品中任取3件,其中恰有一件次品的抽法有(   )种.

    A.120   B.56   C.112   D.45

(9)若 $C_8^{2x-1}=C_8^{x+3}$,则 x 的值为(   ).

    A.1或2   B.3或4   C.2或4   D.1或3

(10)从4台甲型电视机和5台乙型电视机中任意取出3台,其中至少要有甲型电视机与乙型电视机各一台,则不同的取法有(   ).

    A.140种   B.84种   C.70种   D.35种

(11)5名同学排在一排,甲、乙两人必须相邻的不同排法有(   ).

A.120 种　　　　　B.96 种　　　　　C.48 种　　　　　D.24 种

（12）用 0，1，2，3 这 4 个数字，可以组成无重复数字的 4 位偶数的个数是（　　）.

A.10 个　　　　　B.12 个　　　　　C.18 个　　　　　D.24 个

（13）1 位老师与 6 位同学站在一起拍照，要求老师站在中间，并且甲、乙两位同学要求与老师相邻，则不同的站法有（　　）.

A.720 种　　　　　B.144 种　　　　　C.48 种　　　　　D.24 种

（14）现将 3 名城里教师安排到 4 个乡村学校去支教，要求每个乡村学校安排的教师不超过 2 个，则不同的安排方案有（　　）.

A.60 种　　　　　B.90 种　　　　　C.120 种　　　　　D.180 种

（15）2017 年春节期间，某小组 8 人约定，每位同学向小组的另外 7 名同学每人发一条问候短信，则他们一共发出短信的条数为（　　）.

A.8 条　　　　　B.28 条　　　　　C.56 条　　　　　D.64 条

（16）$(x-1)^8$ 展开式中第 5 项的系数是（　　）.

A.C_8^5　　　　　B.$-C_8^5$　　　　　C.C_8^4　　　　　D.$-C_8^4$

（17）$\left(\sqrt{x}-\dfrac{1}{x}\right)^6$ 展开式中常数项为（　　）.

A.14　　　　　B.15　　　　　C.16　　　　　D.17

2.填空题

（1）$(a-b)^5$ 展开式中第 3 项的系数为＿＿＿＿＿＿＿＿.

（2）$\left(a-\dfrac{1}{a^2}\right)^9$ 展开式中的常数项是第＿＿＿＿＿＿＿＿项.

（3）若 $(x-\sqrt{6})^n$ 的展开式中第 3 项的系数是 18，则 $n=$＿＿＿＿＿＿＿.

（4）已知一年级有 7 个班，给刘老师任意安排 3 个班的数学课，则共有＿＿＿＿＿＿种不同的安排方式.

3.解答题

（1）从 1—9 这 9 个数中取出不同的两个数相乘，

①可以得到多少个奇数？　　　②可以得到多少个偶数？

（2）学校组织一项活动，要从 5 名男生、3 名女生中选 4 名学生，

①共有多少种选法？

②若学生甲必须去，则有多少种选法？

③若至少有 1 名女生去，则有多少种选法？

(3)3 名女生和 4 名男生站成一排照相,问:

①共有多少种不同的站法?

②甲站中间的站法有多少种?

③甲不站中间的站法有多少种?

④女生相邻的站法有多少种?

⑤女生不相邻的站法有多少种?

(4)用 0,1,2,3,4,5 组成无重复数字的自然数,

①可以组成多少个六位数?

②可以组成多少个五位奇数?

③可以组成多少个能被 5 整除的四位数?

第7章 概率基础与统计初步

7.1 概率的概念与性质

概率的概念和性质.

例题分析

【例1】 ①口袋里有红球、蓝球、白球若干个,随机地摸出一个红球.

②在标准大气压下,水在 90 ℃沸腾.

③射击运动员射击一次命中 10 环.

④同时掷两颗骰子,出现点数之和不超过 12.

上述事件中,是随机事件的是(　　).

A.①④ 　　　　　B.②③ 　　　　　C.①③ 　　　　　D.②④

解:因为②为不可能事件,④为必然事件,①③为随机事件.选 C.

【例2】 一个家庭有两个小孩,则所有可能的基本事件有(　　).

A.(男女),(男男),(女女) 　　　　　B.(男女),(女男)

C.(男男),(男女),(女男),(女女) 　　　　　D.(男男),(女女)

解:选 C.

练习

1.下列事件中,随机事件的个数为(　　)个.

(1)当 a 为实数,$a^2<0$;

(2)方程 $x^2+2x-3=0$ 有两个不相等的实根;

(3)异性电荷,相互吸引;

(4)把一枚硬币向桌上连抛 3 次,一定有一次数字朝上.

　A.1 　　　　　B.2 　　　　　C.3 　　　　　D.4

2.小红同时掷 3 颗骰子,则该随机试验出现的点数之和所包含的基本事件个数为(　　).

　A.18 　　　　　B.16 　　　　　C.15 　　　　　D.17

3.事件 A 的概率 $P(A)$ 满足(　　).

　A.$P(A)=0$ 　　　B.$P(A)=1$ 　　　C.$0\leqslant P(A)\leqslant 1$ 　　　D.$P(A)<0$ 或 $P(A)>1$

4.设 A,B 是两个事件,则 $A+B$ 是指这样一个事件:＿＿＿＿＿＿＿＿＿＿.

7.2　概率的古典定义

知识点

概率的古典定义.

例题分析

【例 1】　某组 4 名学生,其中男、女生各一半,把全组学生分成人数相等的两个小组,则每小组分得男、女人数相同的概率是_____.

解:把 4 名学生分成人数相等的两个小组,即 4 个元素平均分成两组,共有事件数为 $\frac{1}{2}C_4^2C_2^2=3$.由于 4 名学生是平等的,所以出现上述结果的可能性相等,由于 4 名学生男、女各占一半,平均分成每组 1 男 1 女的事件数为 $\frac{1}{2}C_2^1C_2^1=2$.故分得每小组里男、女人数相同的概率是 $\frac{2}{3}$.

【例 2】　在一次口试中,要从 20 道题中随机抽出 6 道题进行回答,答对了其中 5 道题就获得优秀,答对其中 4 道题就获得及格,某考生会回答 20 道题中的 8 道题,则她获得优秀的概率是_____.

解:从 20 道题中任取 6 道题的基本事件数为 C_{20}^6,由于是随机抽取,故这些基本事件出现的可能性都相等.她至少答对 5 道题的基本事件数有 $C_8^6+C_8^5+C_{12}^1=700$ 种,则她获得优秀的概率是 $\frac{700}{C_{20}^6}=\frac{35}{1938}$.

【例 3】　6 个房间安排 4 位旅游者住,每人可以进住任一房间,且进住房间是等可能的.

(1)指定的某 4 个房间恰各有 1 人进住的概率是多少?

(2)恰有 4 个房间各有 1 人进住的概率是多少?

(3)指定的某个房间中有 2 人进住的概率是多少?

(4)恰有两个房间各有 2 人进住的概率是多少?

(5)第一号房有 1 人,第二号房有 3 人进住的概率是多少?

解:4 名旅游者进住 6 个房间的事件总数为 6^4.

(1)指定的某 4 个房间恰各有 1 人进住的基本事件数为 A_4^4,故所求概率为 $\frac{A_4^4}{6^4}=\frac{1}{54}$.

(2)从 6 间房中任选 4 间有 C_6^4 种方法,故恰有 4 个房间各有 1 人进住的基本事件数为 $C_6^4A_4^4$,故所求概率为 $\frac{C_6^4A_4^4}{6^4}=\frac{5}{18}$.

(3)另 2 人可进住任一房间,故所求概率为 $\frac{C_4^2\times5^2}{6^4}=\frac{25}{216}$.

(4)4人进住两间房且各住2人的基本事件数为 $C_6^2 C_4^2 C_2^2$,故所求概率为 $\dfrac{C_6^2 \cdot C_4^2 \cdot C_2^2}{6^4} = \dfrac{5}{72}$.

(5)第一号房有1人,第二号房有3人进住的基本事件数为 C_4^1,故所求概率为 $\dfrac{4}{6^4} = \dfrac{1}{324}$.

练习

1.袋中装有3只黑球,2只白球,一次取出2只球,恰好黑白各一只的概率是(　　).

　A. $\dfrac{1}{5}$ 　　　　B. $\dfrac{3}{10}$ 　　　　C. $\dfrac{2}{5}$ 　　　　D. $\dfrac{3}{5}$

2.从3个男生和3个女生中选出2个学生参加文艺汇演,选出的全是女生的概率是(　　).

　A. $\dfrac{1}{5}$ 　　　　B. $\dfrac{1}{10}$ 　　　　C. $\dfrac{1}{4}$ 　　　　D. $\dfrac{1}{3}$

3.掷两枚硬币,它们的币值面都朝上的概率是(　　).

　A. $\dfrac{1}{2}$ 　　　　B. $\dfrac{1}{3}$ 　　　　C. $\dfrac{1}{4}$ 　　　　D. $\dfrac{1}{8}$

4.8名选手在8条跑道的运动场上进行百米赛跑,其中有2名中国选手.按随机抽签的方式决定选手的跑道,2名中国选手在相邻的跑道上的概率为(　　).

　A. $\dfrac{1}{2}$ 　　　　B. $\dfrac{1}{4}$ 　　　　C. $\dfrac{1}{8}$ 　　　　D. $\dfrac{1}{16}$

5.2个盒子内各有3个同样的小球,每个盒子内的小球分别标有1,2,3这3个数字,从2个盒子中分别任意取出一个小球,则取出的两个球上所标示数字的和为3的概率是(　　).

　A. $\dfrac{1}{9}$ 　　　　B. $\dfrac{2}{9}$ 　　　　C. $\dfrac{1}{3}$ 　　　　D. $\dfrac{2}{3}$

6.猪八戒说:"我与孙悟空、沙僧3个人中恰有两人的生日是同一天."若一年按365天计算,则这一事件的概率是_____.

7.在【例2】中,她获得及格与及格以上的概率是_____.

7.3　概率的加法和乘法公式

知识点

概率的加法公式;条件概率、独立事件的概率;概率的乘法公式;概率的贝努利公式.

例题分析

【例1】 一个口袋有9张大小相同的票,其号数分别为1,2,3,…,9,从中任取2张,其号数至少有1个为偶数的概率等于(　　).

　　　　A. $\dfrac{5}{9}$ 　　　　B. $\dfrac{4}{9}$ 　　　　C. $\dfrac{5}{18}$ 　　　　D. $\dfrac{13}{18}$

解法1:从9张大小相同的票中任取2张,该两张恰好有一张号数为偶数或该两张号数都为偶数,即有 $\dfrac{C_4^1 C_5^1}{C_9^2} + \dfrac{C_4^2}{C_9^2} = \dfrac{13}{18}$.

解法 2:利用对立事件的概率公式 $P(A) = 1 - P(\bar{A})$,即有 $1 - \dfrac{C_5^2}{C_9^2} = \dfrac{13}{18}$.选 D.

【例2】　学校文艺队每个队员唱歌、跳舞至少会一门,已知会唱歌的有 5 人,会跳舞的有 7 人,现从中选 3 人,且至少要有一位既会唱歌又会跳舞的概率是 $\dfrac{16}{21}$,则该队共有人数为多少?

解:设该队既会唱歌又会跳舞的有 x 人,则该队共有 $12-x$ 人,且只会唱歌或只会跳舞的有$(12-2x)$人,记"至少要有一位既会唱歌又会跳舞"的事件为 A,则事件 A 的对立事件$\bar{A}$是"只会唱歌或只会跳舞".

因为　　$P(\bar{A}) = \dfrac{C_{12-2x}^3}{C_{12-x}^3}$ 　又 $P(A) = 1 - P(\bar{A}) = \dfrac{16}{21}$

所以　　$\dfrac{(12-2x)(11-2x)(10-2x)}{(12-x)(11-x)(10-x)} = 1 - \dfrac{16}{21}$

解得 $x=3$,所以 $12-x=9$,故该队共有 9 人.

【例3】　设有两架高射炮,每一架击中飞机的概率都是 0.6,试求同时发射 1 发炮弹而击中飞机的概率是多少?

解法 1:记"甲高射炮击中飞机"为事件 A,"乙高射炮击中飞机"为事件 B,那么同时发射 1 发炮弹而击中飞机的概率为

$$P(A)P(\bar{B}) + P(\bar{A})P(B) + P(A)P(B) = 2 \times 0.6 \times (1-0.6) + 0.6 \times 0.6 = 0.84$$

解法 2:两发炮弹未命中飞机的概率为 $P(\bar{A})P(\bar{B}) = (1-0.6)(1-0.6) = 0.16$

故两发炮弹至少 1 发命中飞机的概率为 $1 - P(\bar{A})P(\bar{B}) = 0.84$.

【例4】　一个工人看管 3 台机床,在 1 小时内甲、乙、丙 3 台机床不需要工人照看的概率分别为 0.9、0.8 和 0.85,则(1)没有一台机床需要照看的概率是_____;(2)至少有一台机床不需要工人照看的概率是_____.

解:设 A_1, A_2, A_3 分别表示甲、乙、丙机床不需要这名工人照看,则 A_1, A_2, A_3 相互独立.

(1) $P(A_1 A_2 A_3) = P(A_1) \cdot P(A_2) \cdot P(A_3) = 0.9 \times 0.8 \times 0.85 = 0.612$

(2) $1 - P(\overline{A_1} \cdot \overline{A_2} \cdot \overline{A_3}) = 1 - P(\overline{A_1}) \cdot P(\overline{A_2}) \cdot P(\overline{A_3}) = 1 - 0.1 \times 0.2 \times 0.15 = 0.997$

【例5】　已知一射手每次中靶概率为 0.6,则他在 4 次射击中恰好命中两次的概率是_____,仅第二、三次命中的概率是_____.

解:(1)命中两次为 4 次独立重复试验中发生两次

所以所求概率为 $C_4^2 \left(\dfrac{3}{5}\right)^2 \left(1-\dfrac{3}{5}\right)^{4-2} = \dfrac{216}{625}$.

(2)仅第二、三次命中,即意味第一、四次不命中

所以所求概率为 $\left(1-\dfrac{3}{5}\right) \times \dfrac{3}{5} \times \dfrac{3}{5} \times \left(1-\dfrac{3}{5}\right) = \dfrac{36}{625}$.

【例6】　某单位 6 个员工借助互联网开展工作,每个员工上网的概率都是 0.5(相互独立),则至少 3 人同时上网的概率是多少?

解:至少 3 人同时上网这件事包括 3 人、4 人、5 人、6 人同时上网,则其概率是 $C_6^3\left(\dfrac{1}{2}\right)^6+$

$C_6^4\left(\dfrac{1}{2}\right)^6+C_6^5\left(\dfrac{1}{2}\right)^6+C_6^6\left(\dfrac{1}{2}\right)^6=\dfrac{21}{32}$.

练习

1.设条件甲:"事件 A 和 B 是互斥事件",结论乙:"事件 A 和 B 是对立事件",则甲是乙的（　　）.

　　A.充分不必要条件　　　　　　　B.必要不充分条件

　　C.充分必要条件　　　　　　　　D.既不充分也不必要条件

2.某射手在一次射击训练中,射中 10 环、9 环、8 环、7 环的概率分别为 0.21,0.23,0.25,0.28,则这个射手在一次射击中,射中 10 环或 7 环的概率是＿＿＿＿＿＿,少于 7 环的概率是＿＿＿＿＿.

3.一批产品共有 100 件,其中 90 件是合格品,10 件是次品,从这批产品中任取 3 件,则其中有次品的概率为（　　）.

　　A.0.2735　　　　　B.0.2931　　　　　C.0.1231　　　　　D.0.3475

4.若某地区订日报的占 60%,订晚报的占 30%,不订报的占 25%,则两种报都订的概率为（　　）.

　　A.0.12　　　　　B.0.42　　　　　C.0.46　　　　　D.0.15

5.已知甲打中靶心的概率为 0.8,乙打中靶心的概率为 0.9,两人各打靶一次,则两人都打不中的概率为（　　）.

　　A.0.01　　　　　B.0.02　　　　　C.0.28　　　　　D.0.72

6.甲、乙两人独立地投篮,设两人投中的概率分别为 P_1,P_2,则恰有一人能投中的概率为（　　）.

　　A.$P_1 P_2$　　　B.$(1-P_1)P_2$　　　C.$(1-P_1)P_2+(1-P_2)P_1$　　D.$1-(1-P_1)(1-P_2)$

7.甲、乙两人同时报考某一所大学,甲被录取的概率为 0.6,乙被录取的概率为 0.7,两人都被录取的概率为 0.42,两人是否被录取互不影响,则其中至少有一人被录取的概率为（　　）.

　　A.0.12　　　　　B.0.42　　　　　C.0.46　　　　　D.0.88

8.某人打靶,每枪命中目标的概率是 0.9,则 4 枪中恰有二枪命中目标的概率为（　　）.

　　A.0.048 6　　　　B.0.81　　　　　C.0.5　　　　　D.0.008 1

9.有 3 个电器元件,每个元件损坏的概率为 P,且该 3 个元件串联在电路中,则该线路能正常工作的概率是多少?

10.某射手射击一次,击中目标的概率是 0.9,他连续射击 4 次,且各次射击是否击中目标相互之间没有影响,有下列结论:(1)他第三次击中目标的概率是 0.9;(2)他恰好击中目标 3 次的概率是 $0.9^3\times0.1$;(3)他至少击中目标一次的概率是 $1-0.1^4$.其中正确的结论序号是多少?（写出所有正确结论的序号）

11.某会议室用 5 盏灯照明,每盏灯各使用灯泡一只,且型号相同,假定每盏灯能否正常照明只与灯泡的寿命有关,该型号的灯泡寿命为 1 年以上的概率为 P_1,寿命为 2 年以上的概率为 P_2,从使用之日起每满 1 年进行一次灯泡更换工作,只更换已坏的灯泡,平时不换,则在第一次灯泡更换工作中,

(1)不需更换灯泡的概率是多少?

(2)更换 2 只灯泡的概率是多少?

7.4 离散型随机变量

知识点

离散型随机变量的概率分布列、数学期望.

例题分析

【例 1】 已知随机变量 ξ 的分布列是

ξ	-2	0	1	2
P	$\dfrac{1}{3}$	$\dfrac{1}{4}$	$\dfrac{1}{6}$	$\dfrac{1}{4}$

则 $E(\xi)=$ _____.

解:$E(\xi)=-2\times\dfrac{1}{3}+0\times\dfrac{1}{4}+1\times\dfrac{1}{6}+2\times\dfrac{1}{4}=0$

【例 2】 随机变量 ξ 的分布列是

ξ	-2	-1	0	1	2
P	0.16	$\dfrac{a}{10}$	a^2	$\dfrac{a}{5}$	0.3

则 $E(\xi)=$ _____.

解:因为 $0.16+\dfrac{a}{10}+a^2+\dfrac{a}{5}+0.3=1$,即 $50a^2+15a-27=0$,$a=\dfrac{3}{5}$ 或 $a=-\dfrac{9}{10}$(舍)

所以 $E(\xi)=-2\times0.16-1\times\dfrac{3}{50}+0\times\dfrac{9}{25}+1\times\dfrac{3}{25}+2\times0.3=-0.32-0.06+0.12+0.6=0.34$

【例 3】 数学期望盒中有 9 个正品和 3 个废品,每次取 1 个产品,取出后不再放回,在取得正品前已取出的废品数 ξ 的期望 $E(\xi)=$ _____.

解:由条件知,ξ 的取值为 $0,1,2,3$,并且有 $P(\xi=0)=\dfrac{C_9^1}{C_{12}^1}=\dfrac{3}{4}$

$P(\xi=1)=\dfrac{C_3^1C_9^1}{2C_{12}^2}=\dfrac{9}{44}$,$P(\xi=2)=\dfrac{C_3^2\cdot C_9^1}{2C_{12}^3}=\dfrac{9}{220}$,$P(\xi=3)=\dfrac{C_3^3\cdot C_9^1}{2C_{12}^4}=\dfrac{1}{220}$

所以 $E(\xi)=0\times\dfrac{3}{4}+1\times\dfrac{9}{44}+2\times\dfrac{9}{220}+3\times\dfrac{1}{220}=0.3$

【例 4】 甲、乙、丙 3 人独立破译同一份密码,已知甲、乙、丙各自破译出密码的概率分别

为 $\frac{1}{2}$，$\frac{1}{3}$，P，且他们是否破译出密码互不影响，若三人中只有甲破译出密码的概率为 $\frac{1}{4}$，

(1)求 P 的值;

(2)设甲、乙、丙 3 人中破译出密码的人数为 X，求 X 的分布列和数学期望 $E(X)$.

解:记"甲、乙、丙 3 人各自破译出密码"分别为事件 A_1，A_2，A_3，依题意有

$$P(A_1) = \frac{1}{2}, P(A_2) = \frac{1}{3}, P(A_3) = P, \text{且 } A_1, A_2, A_3 \text{ 相互独立.}$$

(1)设"三人中只有甲破译出密码"为事件 B，则有

$$P(B) = P(A_1 \cdot \overline{A_2} \cdot \overline{A_3}) = \frac{1}{2} \times \frac{2}{3} \times (1 - P) = \frac{1 - P}{3}$$

所以 $\frac{1-P}{3} = \frac{1}{4}$，$P = \frac{1}{4}$

(2)X 的所有可能取值为 $0, 1, 2, 3$

$$P(X = 0) = \frac{1}{4}$$

$$P(X = 1) = P(A_1 \cdot \overline{A_2} \cdot \overline{A_3}) + P(\overline{A_1} \cdot A_2 \cdot \overline{A_3}) + P(\overline{A_1} \cdot \overline{A_2} \cdot A_3)$$

$$= \frac{1}{4} + \frac{1}{2} \times \frac{1}{3} \times \frac{3}{4} + \frac{1}{2} \times \frac{2}{3} \times \frac{1}{4} = \frac{11}{24}$$

$$P(X = 2) = P(A_1 \cdot A_2 \cdot \overline{A_3}) + P(A_1 \cdot \overline{A_2} \cdot A_3) + P(\overline{A_1} \cdot A_2 \cdot A_3)$$

$$= \frac{1}{2} \times \frac{1}{3} \times \frac{3}{4} + \frac{1}{2} \times \frac{2}{3} \times \frac{1}{4} + \frac{1}{2} \times \frac{1}{3} \times \frac{1}{4} = \frac{1}{4}$$

$$P(X = 3) = P(A_1 \cdot A_2 \cdot A_3) = \frac{1}{2} \times \frac{1}{3} \times \frac{1}{4} = \frac{1}{24}$$

X 的分布列是

X	0	1	2	3
P	$\frac{1}{4}$	$\frac{11}{24}$	$\frac{1}{4}$	$\frac{1}{24}$

所以 $E(X) = 0 \times \frac{1}{4} + 1 \times \frac{11}{24} + 2 \times \frac{1}{4} + 3 \times \frac{1}{24} = \frac{13}{12}$

📖 **练 习** ▌▌▌

1.设离散型随机变量 ξ 的概率分布列是

ξ	-2	0	1	2
P	0.3	0.2	0.1	0.4

则 $E(\xi) = $ _____.

2.设离散型随机变量 ξ 的概率分布列是

ξ	0	1	2	3
P	a	$2a$	$3a$	$4a$

则 $a = $ _____;$E(\xi) = $ _____.

3.一个袋子里装有大小相同的 2 个红球和 13 个白球,每次从中任取 1 个,取后不放回,连续取 3 次,设 X 表示取出红球的个数,则 X 的分布列是多少?

4.已知某离散型随机变量 ξ 的数学期望 $E(\xi)=2$,ξ 的分布列如下

ξ	0	1	2	3
P	0.2	a	0.1	b

则 $a=$ _____ ,$b=$ _____ .

5.一个袋子里装有大小相同的 3 个红球和 2 个黄球,从中同时取出两个,则其中含红球个数的数学期望是(　　).

A.$\dfrac{6}{5}$　　　　B.$\dfrac{2}{5}$　　　　C.$\dfrac{3}{5}$　　　　D.$\dfrac{7}{5}$

6.某射手有 3 发子弹,射击一次,命中率是 0.8,如果命中就停止射击,否则一直射到子弹用完为止.那么这个射手所用子弹数的期望值是(　　).

A.1.216　　　　B.2.2　　　　C.1　　　　D.3.2

7.5　统计初步

知识点

样本平均数、样本方差.

例题分析

【例1】　5 块实验田种植的小麦产量分别是 56,45,60,54,55,求这 5 块试验田产量的样本平均数、样本方差、样本标准差.

解: 样本平均数　$\bar{x}=\dfrac{1}{5}(56+45+60+54+55)=54$

由公式　　$s^2=\dfrac{1}{n}\left[(x_1-\bar{x})^2+(x_2-\bar{x})^2+\cdots+(x_n-\bar{x})^2\right]$

得样本方差　$s^2=\dfrac{1}{5}\left[(56-54)^2+(45-54)^2+(60-54)^2+(54-54)^2+(55-54)^2\right]=24.4$

样本标准差　$S=\sqrt{24.4}$

【例2】　设 $x_1=2,x_2=3,x_3=a,\bar{x}=4$,则 $a=$ _____ .

解: $4=\bar{x}=\dfrac{1}{3}(2+3+a)\Rightarrow a=7$,所以答案是 7.

【例3】　设 $x_1=4,x_2=4,x_3=5,x_4=6,x_5=6$,则样本方差 $s^2=$ _____ .

解: $\bar{x}=\dfrac{1}{5}(4+4+5+6+6)=5$,$s^2=\dfrac{1}{5}\left[(4-5)^2+(4-5)^2+(5-5)^2+(6-5)^2+(6-5)^2\right]=\dfrac{4}{5}$

所以答案是 $\dfrac{4}{5}$.

练 习

1.某运动员射击 10 次,成绩(单位:环)如下:

$$8,10,9,9,10,8,9,9,8,7$$

则该运动员的平均成绩是_____环.

2.7 个数 $1,2,5,3,4,a,3$ 的平均数是 3,则 $a =$ _____,这组数据的方差是_____.(精确到 0.1)

3.小张最近 6 次测试的成绩如下:158,173,192,255,221,208,则其成绩的样本方差是_____.

4.从一批袋装食品中抽取 5 袋分别称重,结果(单位:g)如下:

$$98.6,100.1,101.4,99.5,102.2$$

该样品的方差为_____(g^2).(精确到 0.1 g^2)

5.从某种植物中随机抽取 6 株,其花期(单位:天)分别为 19,23,18,16,25,21,则其样本方差为_____.(精确到 0.1)

6.某篮球队参加全国甲级联赛,任选该队参赛的 10 场比赛,其得分情况如下:

$$99,104,87,88,96,94,100,92,108,110$$

则该篮球队得分的样本方差为_____.

自测题

1.选择题

(1)一副完整的扑克牌有 54 张,则抽到 A 的概率为(   ).

A.$\dfrac{2}{27}$ B.$\dfrac{1}{54}$ C.$\dfrac{4}{27}$ D.$\dfrac{1}{13}$

(2)设某项试验每次成功的概率为 $\dfrac{2}{3}$,则在两次独立重复试验中,都不成功的概率为(   ).

A.$\dfrac{4}{9}$ B.$\dfrac{1}{3}$ C.$\dfrac{2}{9}$ D.$\dfrac{1}{9}$

(3)某市派出甲、乙两支球队参加全省足球冠军赛,其中甲、乙夺取冠军的概率分别是 $\dfrac{3}{7}$ 和 $\dfrac{1}{4}$,则该市足球队夺得全省冠军的概率是(   ).

A.$\dfrac{19}{28}$ B.$\dfrac{3}{7}$ C.$\dfrac{4}{11}$ D.$\dfrac{1}{4}$

(4)两台独立在两地工作的雷达,每台雷达发现飞行目标的概率分别为 0.9 和 0.85,则有且仅有一台雷达发现目标的概率是(   )

A.0.95   B.0.135   C.0.22   D.0.05

(5)打靶时,甲每打靶 10 次可中靶 8 次,乙每打靶 10 次可中靶 7 次,若两人同时射一个目标,则他们都中靶的概率为(   ).

A.$\dfrac{14}{25}$ B.$\dfrac{3}{2}$ C.$\dfrac{4}{25}$ D.$\dfrac{1}{4}$

(6) 某车间的 5 台机床在一个小时内需要工人照管的概率都是 $\frac{1}{4}$，则一个小时内 5 台机床中至少 2 台需要工人照管的概率是(　　).

  A.0.25   B.0.0625   C.0.37   D.0.7627

(7) 某人向某个目标射击，直到击中目标为止，每次射击击中目标的概率为 $\frac{1}{3}$，则在第 3 次才击中目标的概率是(　　).

  A.$\frac{4}{27}$ B.$\frac{1}{27}$ C.$\frac{1}{3}$ D.$\frac{4}{9}$

(8) 有 3 个人，每人都以相同的概率被分配到 4 个房间中的一间，则至少有二人分配到同一房间的概率为(　　).

  A.$\frac{3}{10}$ B.$\frac{1}{2}$ C.$\frac{5}{8}$ D.$\frac{3}{8}$

(9) 在 10 件产品中，有 3 件次品，那么从中任取 2 件，其中至多有 1 件次品的概率为(　　).

  A.$\frac{14}{15}$ B.$\frac{7}{15}$ C.$\frac{3}{15}$ D.$\frac{1}{15}$

(10) 如果在 100 张有奖储蓄的奖券中，只有一、二、三等奖，其中，有一等奖 1 个，二等奖 5 个，三等奖 10 个，那么买一张奖券，中奖的概率为(　　).

  A.0.16   B.0.24   C.0.28   D.0.27

(11) 同时抛掷两只均匀的骰子(各面上分别标以数字 1,2,3,4,5,6)，则向上的数相同的概率是(　　).

  A.$\frac{3}{5}$ B.$\frac{1}{3}$ C.$\frac{1}{6}$ D.$\frac{5}{6}$

(12) 10 枚硬币中有：1 分币 5 枚，2 分币 3 枚，5 分币 2 枚，从中随机抽取 3 枚，则至少有 2 枚币值相同的概率为(　　).

  A.$\frac{1}{3}$ B.$\frac{3}{4}$ C.$\frac{2}{3}$ D.$\frac{1}{4}$

(13) 已知某手机零售店 1 至 5 月的月平均销量为 54 台，其中 1 月份销量是 44 台，2 月份销量是 56 台，4 月份销量是 52 台，5 月份销量是 60 台，那它的 3 月份销量是(　　)台.

  A.53   B.58   C.54   D.55

(14) 从篮球队中随机选出 5 名队员，他们的身高分别为(单位 cm)：

       180,188,200,195,187

则身高的样本方差为(　　).

  A.42.5   B.47.6   C.43.6   D.48

(15) 经验表明，某种药物的固定剂量会使人心率增加，现有 8 个病人服用同一剂量的这种药物，心率增加的次数分别为 13,15,14,10,8,12,13,11，则该样本的方差为(　　).

  A.5.3   B.4.5   C.5.4   D.5.5

(16) 设离散型随机变量 ξ 的概率分布列是

ξ	1	2	3	4	5
P	0.4	0.2	0.2	0.1	0.1

则 $E(\xi)=($).

    A.1.3   B.3.3   C.2.3   D.1.5

(17)设离散型随机变量 ξ 的概率分布列是

ξ	2	3	4
P	0.2	a	0.5

则 $E(\xi)=($).

    A.3.2   B.2.3   C.3.3   D.3.5

2.填空题

(1)有 10 门炮同时向目标各发射一发炮弹,如果每门炮的命中率都是 0.1,则目标被击中的概率为_____.

(2)若一组数据 $3,-1,a,-3,3$ 的平均数是 1,则 $a=$_____,这组数据的标准差是_____.(精确到 0.01)

(3)用一仪器对一物体的长度重复测量 5 次,得结果(单位:cm)如下:

$$1004,1001,998,999,1003$$

则该样本的样本方差为_____cm.

(4)设随机变量 ξ 的分布列是

ξ	-2	3	4
P	0.2	0.4	a

则 $E(\xi)=$_____.

3.解答题

(1)设一次掷两颗骰子,求出现点数之和为 6 的概率.

(2)设甲、乙两射手在同样条件下进行射击,他们击中目标的概率分别为 0.9 与 0.8,求击中目标的概率.

(3)某产品可能有两类缺陷 A 和 B 中的一个或两个.缺陷 A 和 B 的发生是独立的,$P(A)=0.05,P(B)=0.03$,求产品有下述各种情况的概率.

①A 和 B 都有;   ②有 A 没有 B;   ③A,B 中至少有一个.

(4)某产品的次品率为 $p=0.05$,进行重复抽样调查,选取 3 个样品,求至少有两个次品的概率.

第8章 函 数

8.1 函数的定义及表示法

知识点

函数的定义域和值域、函数值和函数关系式.

例题分析

【例1】 已知函数 $f(x)=-x^2-x$，则 $f(-x)=$ _____.

分析：本题考查函数符号的意义，已知 $f(x)$，求 $f(-x)$，只需要将 $-x$ 代替 $f(x)=-x^2-x$ 中的所有 x.

解：$f(-x)=-(-x)^2-(-x)=-x^2+x$

【例2】 已知 $f(2x)=4x^2+1$，则 $f(x)=$ _____，$f(-1)=$ _____.

分析：本题考查变换函数分析的方法，可考虑用换元法.

解：令 $t=2x$，则 $x=\dfrac{t}{2}$，代入 $f(2x)=4x^2+1$ 中

得 $f(t)=4\left(\dfrac{t}{2}\right)^2+1$，即 $f(t)=t^2+1$

所以 $f(x)=x^2+1$

$f(-1)=(-1)^2+1=2$

【例3】 已知函数 $f(x)=\begin{cases}4 & (x<0)\\2-3x & (x>0)\end{cases}$，求 $f(-2)=$ _____，$f(2)=$ _____.

分析：本题考查的是分段函数求函数值.自变量在哪个范围内，就代入哪段函数关系中.

解：因为 $-2<0$，所以 $f(-2)=4$；因为 $2>0$，所以 $f(2)=2-3\times2=-4$.

【例4】 求函数 $y=\sqrt{3x+2}$ 的定义域.

分析：要使偶次根式有意义，被开方式子必须满足条件 $3x+2\geq0$，即 $x\geq-\dfrac{2}{3}$.

解：定义域为 $\left[-\dfrac{2}{3},+\infty\right)$.

【例5】 求函数 $y=\dfrac{1}{x^2-4}+\lg(x-1)$ 的定义域.

分析：本题考查的是综合类型函数的定义域问题.要使整个函数有意义，它的每个组成部分都要有意义.因为 $\dfrac{1}{x^2-4}$ 是分式，故分母 $x^2-4\neq0$，$\lg(x-1)$ 是对数式，故真数 $x-1>0$，把求

出的结果求交集.

解：要 $y = \dfrac{1}{x^2-4} + \lg(x-1)$ 有意义，分母 $x^2-4 \neq 0$，解得 $x \neq \pm 2$，真数 $x-1>0$，解得 $x>1$，定义域为 $(1,2) \cup (2,+\infty)$.

【例6】 判断函数 $f(x) = \sqrt{(x+1)(x-1)}$ 与函数 $f(x) = \sqrt{x+1} \times \sqrt{x-1}$ 是否相同，并说明理由.

分析：本题考查的是同一函数的概念.因为在 $f(x) = \sqrt{(x+1)(x-1)}$ 中，$(x+1)(x-1) \geqslant 0$，解得 $x \leqslant -1$ 或 $x \geqslant 1$；在 $f(x) = \sqrt{x+1} \times \sqrt{x-1}$ 中，$\begin{cases} x+1 \geqslant 0 \\ x-1 \geqslant 0 \end{cases}$，解得 $x \geqslant 1$，显然，它们的定义域不同，因此它们不相同.

练习

1.设函数 $f(x) = 7-3x$，则 $f(-2) = ($ 　　　$)$.

　A. -1　　　　　　B.13　　　　　　C.1　　　　　　D. -8

2.设函数 $f(x) = \dfrac{x+1}{x}$，则 $f(x-1) = ($ 　　　$)$.

　A. $\dfrac{x}{x+1}$　　　　B. $\dfrac{x}{x-1}$　　　　C. $\dfrac{1}{x+1}$　　　　D. $\dfrac{1}{x-1}$

3.设函数 $f(x) = 2ax^2 - ax$，且 $f(2) = -6$，则 $a = ($ 　　　$)$.

　A. -1　　　　　　B. $-\dfrac{3}{4}$　　　　C.1　　　　　　D.4

4.设函数 $y = \dfrac{k}{x}$ 的图像经过点 $(2,-2)$，则 $k = ($ 　　　$)$.

　A.4　　　　　　　B.1　　　　　　　C. -1　　　　　　D. -4

5.函数 $y = \lg(x-1)$ 的定义域为 $($ 　　　$)$.

　A.R　　　　　　B. $\{x \mid x>0\}$　　　C. $\{x \mid x>2\}$　　　D. $\{x \mid x>1\}$

6.函数 $y = \sqrt{|x|-1}$ 的定义域为 $($ 　　　$)$.

　A. $\{x \mid x \geqslant 1\}$　　　　　　　B. $\{x \mid x \leqslant 1\}$

　C. $\{x \mid x>1\}$　　　　　　　D. $\{x \mid x \geqslant 1$ 或 $x \leqslant -1\}$

7.函数 $y = \sqrt{x^2+9}$ 的值域为 $($ 　　　$)$.

　A. $[3,+\infty)$　　　B. $[0,+\infty)$　　　C. $[9,+\infty)$　　　**D.R**

8.下列函数与 $y=x$ 相同的是 $($ 　　　$)$.

　A. $y = \dfrac{x^2}{x}$　　　　B. $y = \sqrt{x^2}$　　　C. $y = (\sqrt{x})^2$　　　D. $y = \sqrt[3]{x^3}$

9.函数 $y = \dfrac{1}{x-5}$ 的定义域为 $($ 　　　$)$.

　A. $(-\infty,5)$　　　　　　　B. $(-\infty,+\infty)$

　C. $(5,+\infty)$　　　　　　　D. $(-\infty,5) \cup (5,+\infty)$

10.设 $f\left(\dfrac{x}{2}\right) = \dfrac{1}{4}x^2 - x$，则 $f(x) = $ ＿＿＿＿＿＿.

11.已知函数 $f(x) = ax+b$ 的图像经过 $P(3,1)$，且 $f(-1) + f(2) = 7$，求 $f(4) = $ ＿＿＿＿＿＿.

12.已知函数 $f(x) = \begin{cases} 3 & (x<0) \\ 3x^2+1 & (x>0) \end{cases}$,求 $f(1) = $ _____, $f(-1) = $ _____,

$f[f(-1)] = $ _____.

13.函数 $y = \sqrt{x^2-4x+8}$ 的值域为 _____.

14.函数 $y = \sqrt{\dfrac{1}{1-x}}$ 的定义域为 _____.

8.2 函数的性质

函数的 4 条性质:单调性、奇偶性、有界性和周期性.

例题分析

【例1】 下列函数中,在区间 $(0,+\infty)$ 上是增函数的是( ).

A.$y = 3-x$　　　　B.$y = 1-x^2$　　　　C.$y = -5x$　　　　D.$y = -\dfrac{1}{x}$

解:A,C 是一次函数,在 **R** 范围内是减函数,B 在 $(0,+\infty)$ 区间上是减函数.选 D.

【例2】 已知函数 $y = f(x)$ 在 $(-\infty,0)$ 上是减函数,则( ).

A.$f(-2) < f(-\sqrt{3}) < f(-1)$　　　　B.$f(-1) < f(-\sqrt{3}) < f(-2)$

C.$f(-\sqrt{3}) < f(-2) < f(-1)$　　　　D.$f(-1) < f(-2) < f(-\sqrt{3})$

分析:本题考查的是函数单调性的应用,因为已知函数 $y-f(x)$ 在 $(-\infty,0)$ 上是减函数,根据减函数的定义,自变量越大,函数值越小.

解:已知函数 $y = f(x)$ 在 $(-\infty,0)$ 上是减函数,因为 $-2<-\sqrt{3}<-1$,所以 $f(-1)<f(-\sqrt{3})<f(-2)$.选 B.

【例3】 已知函数 $y = f(x)$ 在 **R** 上是减函数,且满足 $f(2a-5)<f(1-a)$,试确定实数 a 的取值范围.

分析:本题是通过函数的单调性解决相关问题,加深对单调性的理解,掌握单调性的应用.

解:因为函数 $y = f(x)$ 在 **R** 上是减函数,且满足 $f(2a-5)<f(1-a)$,所以 $2a-5>1-a$,解得 $a>2$,所以实数 a 的取值范围是 $(2,+\infty)$.

【例4】 下列函数中,为偶函数的是( ).

A.$y = 2^x$　　　　B.$y = 2x$　　　　C.$y = \log_2 x$　　　　D.$y = 2\cos x$

分析:本题是判断函数的奇偶性.一般的情况,记住常见的奇偶函数.

解:A,C 为非奇非偶函数,B 为奇函数.选 D.

【例5】 判断函数 $f(x) = \lg\dfrac{1-x}{1+x}$ 的奇偶性.

分析：对含有对数、指数的函数，有时直接判断奇偶性很难，需要利用定理来判断.

解：$f(-x)=\lg\dfrac{1-(-x)}{1+(-x)}=\lg\dfrac{1+x}{1-x}=\lg\left(\dfrac{1-x}{1+x}\right)^{-1}=-\lg\left(\dfrac{1-x}{1+x}\right)=-f(x)$

所以函数是奇函数.

【例6】 已知 $y=f(x)$ 为奇函数，当 $x<0$ 时，$f(x)=5-x$，求 $f(3)$.

分析：本题考查奇偶性的定义.

解：因为 $y=f(x)$ 为奇函数，所以 $f(-x)=-f(x)=-5+x$，令 $t=-x$，$f(t)=-5-t$ 因为 $x<0$，所以 $t>0$，有 $f(3)=-5-3=-8$.

练习

1. 下列函数中，在其定义域上为增函数的是（   ）.

    A. $y=|x|$ B. $y=x^2$ C. $y=x^3$ D. $y=x^4$

2. 下列函数中，在其定义域上为减函数的是（   ）.

    A. $f(x)=\left(\dfrac{1}{2}\right)^{x^2}$ B. $f(x)=x^2$ C. $y=\left(\dfrac{1}{2}\right)^{x}$ D. $f(x)=2^x$

3. 下列函数在各自定义域中为增函数的是（   ）.

    A. $y=1-x$ B. $y=1+x^2$ C. $y=1+2^{-x}$ D. $y=1+2^x$

4. 下列函数中，为偶函数的是（   ）.

    A. $y=3^x$ B. $y=3^{-x}$ C. $y=x+\tan x$ D. $y=\cos x$

5. 设函数 $f(x)=x^2+(m-3)x+3$ 是偶函数，则 $m=$（   ）.

    A. -3 B. 1 C. 3 D. 5

6. 下列函数中，既是偶函数，又在区间 $(0,3)$ 上为减函数的是（   ）.

    A. $y=\cos x$ B. $y=\log_2 x$ C. $y=x^2-4$ D. $y=\left(\dfrac{1}{3}\right)^x$

7. 函数 $f(x)=\dfrac{(1+2^x)^2}{2^x}$（   ）.

    A. 是奇函数   B. 是偶函数

    C. 既是奇函数也是偶函数   D. 既不是奇函数也不是偶函数

8. 设 $f(x)$ 为偶函数，若 $f(-2)=3$，则 $f(2)=$（   ）.

    A. -3 B. 0 C. 3 D. 6

9. $f(x)$ 是定义域为 **R** 的奇函数，下列说法一定正确的是（   ）.

    A. $f(0)=0$ B. $f(-3)=-f(3)$

    C. $f(-x)-f(x)=0$ D. $f(-x)+f(x)=0$

10. 若函数 $f(x)=x^2+ax$ 为偶函数，则 $a=$_____.

11. 已知 $f(x)$ 为偶函数，当 $x>0$ 时，$f(x)=4-2x$，则 $f(-1)=$_____.

12. 函数 $f(x)=\dfrac{x}{\sqrt{1-x^2}}$ 的图像关于_____对称.

13. 已知函数 $y=f(x)$ 在 **R** 上是减函数，且满足 $f(1-2m)-f(7+m)<0$，实数 m 的取值范围为_____.

8.3　简单的基本初等函数

知识点

一次函数、二次函数、正反比例函数.

例题分析

【例】　求函数 $f(x)=3-(1+x)^2$ 的值域、对称轴、单调区间.

分析：本题是考查通过二次函数的图像求其性质.

解：$f(x)=3-(1+x)^2$，开口向下，有最大值 $f(x)=3$，所以值域为 $(-\infty,3]$；对称轴是 $x=-1$，所以 $(-\infty,-1]$ 为增区间，$[-1,+\infty)$ 为减区间.

练习

1.设 $f(x)$ 是反比例函数，且 $f(-2)=4$，则下列表述中正确的是(　　).

　　A.$f(x)=\dfrac{4}{x}$ 　　　B.$f(x)=-\dfrac{4}{x}$ 　　　C.$f(x)=\dfrac{8}{x}$ 　　　D.$f(x)=-\dfrac{8}{x}$

2.设一次函数的图像过点 $(1,1)$ 和 $(-2,0)$，则该一次函数的解析式为(　　).

　　A.$y=\dfrac{1}{3}x+\dfrac{2}{3}$ 　　B.$y=\dfrac{1}{3}x-\dfrac{2}{3}$ 　　C.$y=2x-1$ 　　D.$y=x+2$

3.直线 $y=-\dfrac{1}{x}$ 的图像经过(　　).

　　A.第一、三象限　　B.第二、四象限　　C.第一、四象限　　D.第二、三象限

4.函数 $y=x^2-2x+3$ 的一个单调区间是(　　).

　　A.$[0,+\infty)$ 　　　B.$[1,+\infty)$ 　　　C.$(-\infty,2]$ 　　　D.$(-\infty,3]$

5.已知二次函数的图像交 x 轴于 $(-1,0)$ 和 $(5,0)$ 两点，则该图像的对称轴方程为(　　).

　　A.$x=1$ 　　　　B.$x=2$ 　　　　C.$x=3$ 　　　　D.$x=4$

6.若二次函数 $y=x^2+px+q$ 的图像经过原点和点 $(-4,0)$，则该二次函数的最小值为(　　).

　　A.-8 　　　　B.-4 　　　　C.0 　　　　D.12

7.曲线 $y=x^2+1$ 与直线 $y=kx$ 只有一个公共点，则 $k=$(　　).

　　A.-2 或 2 　　B.0 或 4 　　C.-1 或 1 　　D.3 或 7

8.函数 $y=-\dfrac{1}{x+1}$ 的图像大致是(　　).

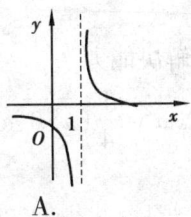　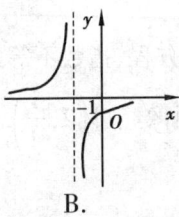　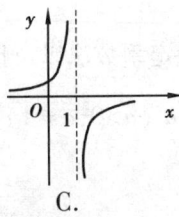　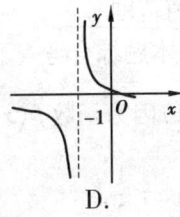

　　A.　　　　　　　　B.　　　　　　　　C.　　　　　　　　D.

9.已知二次函数 $f(x)$ 的图像开口向上,且对称轴为 $x=2$,则下列说法正确的是(   ).

  A. $f(3)>f(7)$ B. $f(-3)>f(1)$ C. $f(3)>f(1)$ D. $f(3)>f(-1)$

10.二次函数 $f(x)=x^2-4x-1$ 在区间 $[-1,4]$ 上的最大值为_____,最小值为_____.

11.二次函数 $f(x)=x^2+2ax+3$ 图像的对称轴为 $x=1$,则 $a=$_____.

12.若二次函数 $y=5x^2+mx+4$ 在 $(-\infty,-1]$ 上是减函数,在 $[-1,+\infty]$ 上是增函数,则 $m=$_____.

8.4 指数函数与对数函数

知识点

指数函数与对数函数的定义、图像、性质.

例题分析

【例1】 求函数 $y=\lg(3x-x^2)$ 的定义域.

分析:本题考查对数形式函数的定义域.对数形式函数的真数部分必须大于0.

解:要使 $y=\lg(3x-x^2)$ 有意义,则 $3x-x^2>0$,解得 $0<x<3$,所以 $y=\lg(3x-x^2)$ 的定义域为 $(0,3)$.

【例2】 求函数 $y=\sqrt{\log_{\frac{1}{2}}(3x+1)-1}$ 的定义域.

分析:本题考查的是对数函数的单调性.注意对数形式函数的真数部分必须大于0.

解:要使 $y=\sqrt{\log_{\frac{1}{2}}(3x+1)-1}$ 有意义,则 $\begin{cases}\log_{\frac{1}{2}}(3x+1)-1\geqslant 0\\ 3x+1>0\end{cases}$,则 $\begin{cases}\log_{\frac{1}{2}}(3x+1)\geqslant 1\\ x>-\dfrac{1}{3}\end{cases}$

$\Rightarrow \begin{cases}\log_{\frac{1}{2}}(3x+1)\geqslant \log_{\frac{1}{2}}\dfrac{1}{2}\\ x>-\dfrac{1}{3}\end{cases} \Rightarrow \begin{cases}3x+1\leqslant \dfrac{1}{2}\\ x>-\dfrac{1}{3}\end{cases} \Rightarrow \begin{cases}x\leqslant -\dfrac{1}{6}\\ x>-\dfrac{1}{3}\end{cases} \Rightarrow -\dfrac{1}{3}<x\leqslant -\dfrac{1}{6}$

所以 $y=\sqrt{\log_{\frac{1}{2}}(3x+1)-1}$ 的定义域为 $\left(-\dfrac{1}{3},-\dfrac{1}{6}\right]$.

【例3】 已知函数 $f(x)=a^x(a>0,a\neq 1)$ 的图像经过 $\left(2,\dfrac{1}{4}\right)$,(1)求 a 的值;(2) $a^{x+2}<a^{x^2}$,求 x 的取值范围.

  分析:本题综合考查了待定系数法以及指数方程、指数不等式的解决能力.

  解:(1)因为函数 $f(x)=a^x(a>0,a\neq 1)$ 的图像经过 $\left(2,\dfrac{1}{4}\right)$,所以 $a^2=\dfrac{1}{4}(a>0,a\neq 1)$,解得 $a=\dfrac{1}{2}$.

(2)由 $a^{x+2}<a^{x^2}$，得到 $\left(\dfrac{1}{2}\right)^{x+2}<\left(\dfrac{1}{2}\right)^{x^2}$，即 $x+2>x^2$，解得 $-1<x<2$

所以 x 的取值范围为 $(-1,2)$.

【例4】 求函数 $y=\log_2(x^2-2x+5)$ 的最小值.

分析：本题考查的是对数函数单调性和二次函数单调性的综合问题.

解：$y=\log_2(x^2-2x+5)=\log_2\left[(x-1)^2+4\right]$. 令 $u=(x-1)^2+4$，则有 $u\in[4,+\infty)$，因为 $y=\log_2 u$ 在 $u\in[4,+\infty)$ 为增函数，所以有 $y\geqslant\log_2 4$，$y\geqslant 2$，所以函数 $y=\log_2(x^2-2x+5)$ 的最小值为 2.

练 习

1. 下列函数是指数函数的是（　　）.

　　A. $y=4^x$　　　　　　B. $y=(-4)^x$　　　　　　C. $y=4^{-x}$　　　　　　D. $y=x^4$

2. 函数 $y=2^x$ 的图像过点（　　）.

　　A. $\left(-3,\dfrac{1}{8}\right)$　　　B. $\left(-3,\dfrac{1}{6}\right)$　　　C. $(-3,-8)$　　　D. $(-3,-6)$

3. 下列函数中，函数值恒大于零的是（　　）.

　　A. $y=x^2$　　　　　　B. $y=2^x$　　　　　　C. $y=\log_2 x$　　　　　　D. $y=\cos x$

4. 若 $0<\lg a<\lg b<2$，则下列式子中正确的是（　　）.

　　A. $0<a<b<1$　　　　　　　　　B. $0<b<a<1$

　　C. $0<b<a<100$　　　　　　　　D. $1<a<b<100$

5. 设 $0<b<a<1$，则下列式子中正确的是（　　）.

　　A. $\log_a 2<\log_b 2$　　　　　　　　B. $\log_2 a>\log_2 b$

　　C. $a^{\frac{1}{2}}>b^{\frac{1}{2}}$　　　　　　　　　D. $\left(\dfrac{1}{2}\right)^a>\left(\dfrac{1}{2}\right)^b$

6. 下列不等式成立的是（　　）.

　　A. $\left(\dfrac{1}{2}\right)^5>\left(\dfrac{1}{2}\right)^3$　　　　　　　　B. $5^{-\frac{1}{2}}>3^{-\frac{1}{2}}$

　　C. $\log_{\frac{1}{2}}5>\log_{\frac{1}{2}}3$　　　　　　　　D. $\log_2 5>\log_2 3$

7. 在同一坐标系中，函数 $y=2^{-x}$ 与 $\log_2 x$ 的图像大致是（　　）.

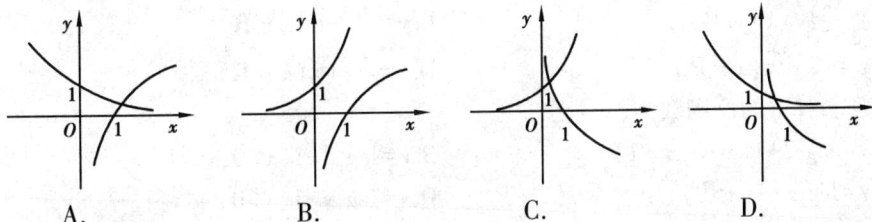

　　A.　　　　　　　　　B.　　　　　　　　　C.　　　　　　　　　D.

8. 已知函数 $y=\log_3(x+1)+\log_3(5-x)$，则 $f(x)$ 的（　　）.

　　A. 最大值为 3　　B. 最大值为 2　　C. 最大值为 9　　D. 最小值为 2

9. 若 $\dfrac{1}{2}<\left(\dfrac{1}{2}\right)^b<\left(\dfrac{1}{2}\right)^a<1$，则 $a,b,1,0$ 满足的关系是_____.

10. 当 $x>1$ 时，若 $a^{x-1}<1(a>0,a\neq 1)$ 成立，则实数 a 的取值范围是_____.

11.若函数 $f(x)=x^{-\frac{3}{4}}$,则 $f(81)=$ _____ .

12.若函数 $y=f(x)$ 的定义域是 $[-1,1]$,则函数 $f(\log_{\frac{1}{2}}x)$ 的定义域是 _____ .

13.已知 $1\leqslant\log_2 x<2$,则 x 的取值范围为 _____ .

8.5   反函数

知识点

反函数的定义、图像定理和求法.

例题分析

【例1】   求函数 $y=5^x+1(-\infty<x<+\infty)$ 的反函数.

解:因为 $5^x=y-1$,所以 $x=\log_5(y-1)$,即 $y=5^x-1$ 的反函数是 $y=\log_5(x-1)$, $x\in(1,+\infty)$.

【例2】   求函数 $y=\lg(x-1)$ 在区间 $(1,+\infty)$ 内的反函数.

解:因为 $x-1=10^y$,所以 $x=10^y+1$, $y\in(-\infty,+\infty)$,即 $y=\lg(x-1)$, $x\in(1,+\infty)$ 的反函数
   是 $y=10^x+1$, $x\in(-\infty,+\infty)$.

【例3】   求函数 $y=2^x$ 的反函数.

解:因为 $y=2^x$,所以 $x=\log_2 y$,即 $y=2^x$ 的反函数是 $y=\log_2 x$.

练习

1.函数 $y=\dfrac{1}{x+2}(x\neq-2)$ 的反函数的图像经过点(   ).

   A. $\left(\dfrac{1}{4},2\right)$ 　　　　B. $\left(\dfrac{1}{4},\dfrac{4}{9}\right)$ 　　　　C. $\left(4,\dfrac{1}{6}\right)$ 　　　　D. $\left(2,\dfrac{1}{4}\right)$

2.设 $y=f^{-1}(x)$ 是函数 $y=f(x)$ 的反函数,若点 $(2,-3)$ 在 $y=f^{-1}(x)$ 的图像上,那么一定
在 $y=f(x)$ 的图像上的点是(   ).

   A. $(-2,3)$ 　　　　B. $(3,-2)$ 　　　　C. $(-3,2)$ 　　　　D. $(2,-3)$

3.函数 $y=x^3-8(x\in\mathbf{R})$ 的反函数为(   ).

   A. $y=2+\sqrt[3]{x}(x\in\mathbf{R})$ 　　　　　　　　B. $y=\sqrt[3]{x-8}(x\in\mathbf{R})$

   C. $y=-2+\sqrt[3]{x}(x\in\mathbf{R})$ 　　　　　　　D. $y=\sqrt[3]{x+8}(x\in\mathbf{R})$

4.函数 $y=2^{x-1}$ 的反函数为(   ).

   A. $y=\log_x 2+1(x>0,x\neq1)$ 　　　　　　B. $y=\log_x 2-1(x>0,x\neq1)$

   C. $y=\log_2 x+1(x>0)$ 　　　　　　　　D. $y=\log_2 x-1(x>0)$

5.函数 $y=3^x$ 的反函数为(   ).

   A. $y=\left(\dfrac{1}{3}\right)^x(x>0)$ 　　　　　　　　B. $y=-\left(\dfrac{1}{3}\right)^x(x>0)$

   C. $y=\log_3 x(x>0)$ 　　　　　　　　D. $y=-\log_3 x(x>0)$

6.函数 $y=(x-1)^2-4(x\geqslant1)$ 的反函数为(   ).

A.$y=1+\sqrt{x+4}\,(x\geqslant -4)$ B.$y=1-\sqrt{x+4}\,(x\geqslant -4)$

C.$y=(x-3)(x+1)(x\in\mathbf{R})$ D.$y=\log_2(x+4)(x>-4)$

7. 函数 $y=\log_5 x(x>0)$ 的反函数为(　　).

A.$y=x^5(x\in\mathbf{R})$ B.$y=5x(x\in\mathbf{R})$

C.$y=5^x(x\in\mathbf{R})$ D.$y=\dfrac{1}{5}x(x\in\mathbf{R})$

8. 函数 $f(x)=\sqrt{x-1}+2(x\geqslant 1)$ 的反函数为(　　).

A.$y=(x-2)^2+1(x\in\mathbf{R})$ B.$x=(y-2)^2+1(x\in\mathbf{R})$

C.$y=(x-2)^2+1(x\geqslant 2)$ D.$y=(x-2)^2+1(x\geqslant 1)$

自测题

1. 选择题

(1) 设函数 $f(x)=\sqrt{5-x^2}-x$，则 $f(-2)=($　　).

     A.-1 B.3   C.1   D.-3

(2) 设函数 $f(x)=2ax-x^2$，且过点 $P(-2,4)$，那么此函数一定经过点(　　).

     A.$(1,3)$ B.$(-1,-5)$ C.$(0,2)$ D.$(2,-12)$

(3) 函数 $y=\lg(x^2-1)$ 的定义域为(　　).

     A.$(-\infty,-1]\cup[1,+\infty)$ B.$(-1,1)$

     C.$(-\infty,-1)\cup(1,+\infty)$ D.$[-1,1]$

(4) 函数 $y=\sqrt{\log_{\frac{1}{2}}(2x-1)}$ 的定义域为(　　).

     A.$\left(\dfrac{1}{2},+\infty\right)$ B.$[1,+\infty)$ C.$\left(\dfrac{1}{2},1\right]$ D.$(-\infty,1)$

(5) 下列 4 组函数中，表示同一函数的是(　　).

     A.$y=x^0$ 与 $y=1$ B.$f(x)=x+1$ 与 $g(x)=\dfrac{x^2-1}{x-1}$

     C.$y=|x|$ 与 $y=\sqrt{x^2}$ D.$y=x-1$ 与 $y=\sqrt{x^2-2x+1}$

(6) 如果函数 $y=x+b$ 的图像经过点 $(1,7)$，则 $b=($　　).

     A.-5 B.1   C.4   D.6

(7) 函数 $f(x)=\log_3(3x-x^2)$ 的定义域为(　　).

     A.$(-\infty,0)\cup(3,+\infty)$ B.$(-\infty,-3)\cup(0,+\infty)$

     C.$(0,3)$ D.$(-3,0)$

(8) 函数 $f(x)=\dfrac{1}{2}+\dfrac{1}{2^x-1}$ 是(　　).

     A.奇函数   B.偶函数

     C.既非奇函数又非偶函数   D.既是奇函数又是偶函数

(9) 下列函数中，既不是奇函数也不是偶函数的是(　　).

     A.$f(x)=\dfrac{1}{1+x^2}$ B.$f(x)=x^2+x$

$$\text{C. } f(x) = \cos\frac{x}{3} \qquad\qquad\qquad\qquad \text{D. } f(x) = \frac{2}{x}$$

（10）函数 $f(x)$ 的图像关于 y 轴对称，且 $f(a) = -5$，则 $f(-a) = ($　　$)$.

A. -5　　　　　　B. 0　　　　　　C. 5　　　　　　D. 不能确定

（11）过函数 $y = \dfrac{6}{x}$ 图像上一点 P 作 x 轴的垂线 PQ，Q 为垂足，O 为坐标原点，则 $\triangle OPQ$ 的

面积为（　　）.

A. 6　　　　　　B. 3　　　　　　C. 2　　　　　　D. 1

（12）二次函数 $y = x^2 - 4x + 5$ 图像的对称轴方程是（　　）.

A. $x = 2$　　　　B. $x = 1$　　　　C. $x = 0$　　　　D. $x = -1$

（13）二次函数 $y = x^2 + 4x + 1$（　　）.

A. 有最小值 -3　　B. 有最大值 -3　　C. 有最小值 -6　　D. 有最大值 -6

（14）设 $0 < x < 1$，则下列不等式成立的是（　　）.

A. $\log_{0.5} x^2 > \log_{0.5} x$ 　　　　　　B. $2^{x^2} > 2^x$

C. $\sin x^2 > \sin x$ 　　　　　　　　　　D. $x^2 > x$

（15）设 $a > 1$，则下列式子正确的是（　　）.

A. $\log_a 2 < 0$　　B. $\log_a 2 > 0$　　C. $2^a < 1$　　D. $\left(\dfrac{1}{a}\right)^2 > 1$

（16）函数 $y = \lg(2^x - 1)$ 的定义域为（　　）.

A. $\{x \mid x > 1\}$　　B. $\{x \mid x > 2\}$　　C. $\{x \mid x > 0\}$　　D. 实数集

（17）函数 $y = f(x)$ 的图像与函数 $y = 2^x$ 的图像关于 $y = x$ 对称，则 $f(x) = ($　　$)$.

A. 2^x　　　　B. $\log_2 x\,(x > 0)$　　C. $2x$　　　　D. $\lg(2x)\,(x > 0)$

2. 填空题

（1）已知 $f(x) = 5 - 2x$，且 $f(a) = 1$，则 $a = \underline{\qquad\qquad}$.

（2）已知 $f(x+2) = x - 1$，则函数 $f(x) = \underline{\qquad\qquad\qquad\qquad}$.

（3）某商店有游戏机 12 台，每台售价 200 元，所售台数和收款总数之间的函数关系式为 $\underline{\qquad\qquad\qquad\qquad}$.

（4）函数 $f(x) = \sqrt{1 - \left(\dfrac{1}{2}\right)^{x+2}}$ 的定义域为 $\underline{\qquad\qquad\qquad\qquad}$.

3. 解答题

（1）若函数 $y = \sqrt{ax^2 - ax + \dfrac{1}{a}}$ 的定义域是 $\mathbf{R}$，求实数 a 的取值范围.

(2)已知对数函数 $f(x)$ 的图像经过点 $(9,2)$,(1)求函数 $f(x)$ 的解析式;(2)若 $1-f(5-x)\geqslant 0$,求 x 的取值范围.

(3)已知当 $x=2$ 时,二次函数有最大值 4,其图像与 x 轴相交所得弦 AB 长为 6,求此函数的解析式.

(4)判断函数 $f(x)=-x^2$ 在区间 $(0,+\infty)$ 上的单调性,并用单调性定义证明结论.

第9章 微分基础

9.1 函数的极限

知识点

函数极限的四则运算法则、两个重要极限.

例题分析

【例1】 求 $\lim\limits_{x \to 2}(2x^2+3x+1)$.

解: $\lim\limits_{x \to 2}(2x^2+3x+1) = \lim\limits_{x \to 2}2x^2 + \lim\limits_{x \to 2}3x + \lim\limits_{x \to 2}1 = 2\left(\lim\limits_{x \to 2}x\right)^2 + 3\lim\limits_{x \to 2}x + 1 = 2 \times 2^2 + 3 \times 2 + 1 = 15$

【例2】 求 $\lim\limits_{x \to 0}\dfrac{x^2+3x+5}{x^3+10}$.

解: 因为 $\lim\limits_{x \to 0}(x^3+10) = \lim\limits_{x \to 0}x^3 + \lim\limits_{x \to 0}10 = 10 \neq 0$

所以 $\lim\limits_{x \to 0}\dfrac{x^2+3x+5}{x^3+10} = \dfrac{\lim\limits_{x \to 0}(x^2+3x+5)}{\lim\limits_{x \to 0}(x^3+10)} = \dfrac{0^2+3\times 0+5}{0^3+10} = \dfrac{1}{2}$

【例3】 求 $\lim\limits_{x \to 0}\dfrac{\tan x}{x}$.

解: $\lim\limits_{x \to 0}\dfrac{\tan x}{x} = \lim\limits_{x \to 0}\dfrac{\sin x}{\cos x} \cdot \dfrac{1}{x} = \lim\limits_{x \to 0}\dfrac{\sin x}{x} \cdot \lim\limits_{x \to 0}\dfrac{1}{\cos x} = 1 \times 1 = 1$

【例4】 求 $\lim\limits_{x \to \infty}\left(1+\dfrac{3}{x}\right)^x$.

解: $\lim\limits_{x \to \infty}\left(1+\dfrac{3}{x}\right)^x = \lim\limits_{x \to \infty}\left(1+\dfrac{3}{x}\right)^{\frac{x}{3} \cdot 3} = \left[\lim\limits_{x \to \infty}\left(1+\dfrac{3}{x}\right)^{\frac{x}{3}}\right]^3 = \mathrm{e}^3$

练习

1.求下列极限.

(1) $\lim\limits_{n \to \infty}\left(\dfrac{1}{n^2}+\dfrac{2}{n^2}+3\right)$;

(2) $\lim\limits_{n \to \infty}\left(\dfrac{2n+1}{4n-1}\right)$;

(3) $\lim\limits_{x \to 0}\dfrac{\sin 2x}{x}$;

(4) $\lim\limits_{x \to 0}\dfrac{1-\cos x}{x^2}$;

$(5)\lim\limits_{x\to0}\dfrac{\sqrt{4+x}-2}{x}$;

$(6)\lim\limits_{x\to\infty}\left(1+\dfrac{3}{x}\right)^{x}$.

9.2　函数的连续性

知识点

函数连续的定义、单侧连续.

练习

函数 $y=f(x)$ 在 $x=a$ 点连续是 $f(x)$ 在 $x=a$ 有极限的(　　).

A.充分不必要条件　　　　　　　B.必要不充分条件

C.充分必要条件　　　　　　　　D.既不充分又不必要条件

9.3　导　数

知识点

函数的导数.

例题分析

【例1】　函数 $y=2x^{3}-x^{2}+1$ 在 $x=1$ 处的导数为(　　).

　　　　A.5　　　　　　B.2　　　　　　C.3　　　　　　D.4

解:$y'=6x^{2}-2x$,$y'\big|_{x=1}=6\times1^{2}-2\times1=4$.选 D.

【例2】　已知函数 $f(x)=x^{3}+3$,则 $f'(3)=$(　　).

　　　　A.27　　　　　B.18　　　　　C.16　　　　　D.12

解:$f'(x)=3x^{2}$,$f'(3)=3\times3^{2}=27$.选 A.

【例3】　一次函数 $y=ax+b$ 的导数 $y'=$ _____.

解:$y'=(ax+b)'=(ax)'+(b)'=a(x)'+0=a$.

【例4】　二次函数 $y=ax^{2}+bx+c$ 的导数 $y'=$ _____.

解:$y'=(ax^{2}+bx+c)'=(ax^{2})'+(bx)'+(c)'=2ax+b$.

【例5】　$f(x)=5x^{4}-3x^{2}+1$ 的导数 $f'(x)=$ _____,$f'(3)=$ _____.

解:$f'(x)=(5x^{4}-3x^{2}+1)'=5\times4x^{3}-3\times2x+0=20x^{3}-6x$

　　　$f'(3)=20\times3^{3}-6\times3=540-18=522$

【例6】　$y=4x^{2}-3x-1$ 的导数 $y'\big|_{x=1}=$ _____.

解:$y'=4\times2x-3=8x-3,y'\big|_{x=1}=8\times1-3=5.$

练 习

1.$y=(ax-b)^2$ 的导数 $y'=$ _____.

2.$f(x)=(x-1)^3$ 的导数 $f'(x)=$ _____.

3.$f(x)=(5+2x)^2$ 的导数 $f'(0)=$ _____.

4.$y=(3x-6)^2$ 的导数 $y'\big|_{x=1}=$ _____.

5.$y=5x+8$ 的导数 $y'=$ _____.

6.$y=10x^3+3x+1$ 的导数 $y'=$ _____.

9.4　导数的应用

知识点

函数的极值及应用、函数的最值及应用.

例题分析

【例1】　函数 $y=x^2-3x+1$ 在点 $M(1,-1)$ 处的切线斜率为(　　).

A.0　　　　　　B.-1　　　　　　C.1　　　　　　D.2

解:$y'=2x-3,y'\big|_{x=1}=2-3=-1.$ 选 B.

【例2】　函数 $y=(x-2)^2$ 在点 $(-1,1)$ 的切线方程为(　　).

A.$6x-y-7=0$　　B.$7x+2y+5=0$　　C.$6x+y-7=0$　　D.$6x+y+5=0$

解:$y=(x-2)^2=x^2-4x+4,y'=2x-4,y'\big|_{x=-1}=-6.$

所求切线方程为 $y-1=-6(x+1)$,即 $6x+y+5=0.$ 选 D.

【例3】　求函数 $y=x^3-x^2-x+1$ 的单调区间和极值.

解:$y'=3x^2-2x-1=(3x+1)(x-1),$

令 $y'=0,$ 解得 $x_1=-\dfrac{1}{3},x_2=1$

x	$\left(-\infty,-\dfrac{1}{3}\right)$	$-\dfrac{1}{3}$	$\left(-\dfrac{1}{3},1\right)$	1	$(1,+\infty)$
y'	+	0	−	0	+
y		极大值		极小值	

极大值 $y\big|_{x=-\frac{1}{3}}=\left(-\dfrac{1}{3}\right)^3-\left(-\dfrac{1}{3}\right)^2-\left(-\dfrac{1}{3}\right)+1=-\dfrac{1}{27}-\dfrac{1}{9}+\dfrac{1}{3}+1=\dfrac{-1-3+9+27}{27}=\dfrac{32}{27}$

极小值 $y\big|_{x=1}=1-1-1+1=0$

单调增加区间 $\left(-\infty,-\dfrac{1}{3}\right),(1,+\infty)$;单调减少区间 $\left(-\dfrac{1}{3},1\right)$;极大值为 $\dfrac{32}{27}$,极小值为 0.

【例 4】　求函数 $f(x) = x^3 - 3x^2 - 9x + 5$ 在给定区间 $[-2, 6]$ 上的最大值和最小值:

解: $f'(x) = 3x^2 - 6x - 9 = 3(x^2 - 2x - 3) = 3(x+1)(x-3)$, 令 $f'(x) = 0$, 解得 $x_1 = -1, x_2 = 3$.

用 $x_1 = -1, x_2 = 3$ 将区间 $[-2, 6]$ 分成三个部分区间 $(-2, -1), (-1, 3), (3, 6)$, 列表如下:

x	$(-2, -1)$	-1	$(-1, 3)$	3	$(3, 6)$
$f'(x)$	+	0	−	0	+
$f(x)$		极大值		极小值	

极大值 $f(-1) = (-1)^3 - 3(-1)^2 - 9(-1) + 5 = -1 - 3 + 9 + 5 = 10$

极小值 $f(3) = 3^3 - 3 \times 3^2 - 9 \times 3 + 5 = 27 - 27 - 27 + 5 = -22$

区间端点的函数值:

$f(-2) = (-2)^3 - 3(-2)^2 - 9(-2) + 5 = -8 - 12 + 18 + 5 = 3$

$f(6) = 6^3 - 3 \times 6^2 - 9 \times 6 + 5 = 216 - 108 - 54 + 5 = 59$

比较上面 4 个数值, 最大值为 59, 最小值为 −22.

练习

1. 函数 $f(x) = \dfrac{1}{3}x^3 - x^2 - 3x + 3$ 有(　).

　A. 极大值 $f(3)$, 极小值 $f(-1)$ 　　　　B. 极大值 $f(-1)$, 极小值 $f(3)$

　C. 极大值 $f(-1)$, 没有极小值 　　　　D. 极小值 $f(-1)$, 没有极大值

2. 函数 $y = x^2 - 2x + 4$ 在区间 $(-\infty, 1), (1, +\infty)$ 内分别是(　).

　A. 单调增加, 单调减少 　　　　B. 单调减少, 单调增加

　C. 单调增加, 单调增加 　　　　D. 单调减少, 单调减少

3. 函数 $y = -x^2 + 2x$ 在(　).

　A. $(-\infty, -1)$ 内单调增加, $(-1, +\infty)$ 内单调减少

　B. $(-\infty, 0)$ 内单调增加, $(0, +\infty)$ 内单调减少

　C. $(-\infty, 1)$ 内单调增加, $(1, +\infty)$ 内单调减少

　D. $(-\infty, 2)$ 内单调增加, $(2, +\infty)$ 内单调减少

4. 求函数 $y = x^3 + x$ 的单调区间.

5. 求函数 $f(x) = (x^2 - 1)^3 + 1$ 的极小值.

6. 求函数 $f(x) = 4x^2(x^2 - 2)$ 在闭区间 $[-2, 2]$ 上的最大值和最小值.

7. 求函数 $y = 5 + 36x + 3x^2 + 4x^3$ 在闭区间 $[1, 2]$ 上的最值.

自测题

1.选择题

(1) 函数 $y=x^2+x+4$ 在点 $(-1,4)$ 处的切线的斜率为(　　).

A.-1 　　　　B.-2 　　　　C.4 　　　　D.9

(2) 函数 $y=x^3+2x^2-x+1$ 在点 $(0,1)$ 处的切线的倾斜角为(　　).

A.$\dfrac{\pi}{3}$ 　　　B.$\dfrac{\pi}{4}$ 　　　C.$\dfrac{\pi}{6}$ 　　　D.$\dfrac{3\pi}{4}$

(3) 函数 $y=x^4+x^3$ 在点 $(-1,0)$ 处的切线方程为(　　).

A.$x+7y+1=0$ 　　　　　　B.$7x+y+7=0$

C.$x-y+1=0$ 　　　　　　D.$x+y+1=0$

(4) 函数 $y=x^2-2x+3$ 的一个单调区间是(　　).

A.$[0,+\infty)$ 　　B.$[1,+\infty)$ 　　C.$(-\infty,2)$ 　　D.$(-\infty,3]$

(5) 函数 $y=2x^2-8x+3$ 有(　　).

A.极大值 2 　　B.极小值 -2 　　C.极大值 -5 　　D.极小值 -5

(6) 函数 $f(x)=x^3-6x^2+9x-3$ 的单调区间为(　　).

A.$(-\infty,-3),(-3,1),(1,+\infty)$ 　　　B.$(-\infty,-1),(-1,3),(3,+\infty)$

C.$(-\infty,-3),(-3,-1),(-1,+\infty)$ 　　D.$(-\infty,1),(1,3),(3,+\infty)$

(7) 函数 $y=x^3+x$ 在(　　).

A.$(-\infty,+\infty)$ 内单调增加

B.$(-\infty,+\infty)$ 内单调减少

C.$(-\infty,0)$ 内单调增加,$(0,+\infty)$ 内单调减少

D.$(-\infty,0)$ 内单调减少,$(0,+\infty)$ 内单调增加

(8) 函数 $y=-x^2+4x-3$ 有(　　).

A.最大值 1 　　B.最大值 2 　　C.最小值 1 　　D.最小值 2

(9) 函数 $y=x^3-3x+1$ 在点 $P(1,-1)$ 处的切线的斜率为(　　).

A.2 　　　　B.1 　　　　C.-1 　　　　D.0

(10) 函数 $y=x^3-3x+1$ 在闭区间 $[-2,0]$ 上的最大值是(　　).

A.-2 　　　　B.1 　　　　C.3 　　　　D.4

(11) 函数 $y=x^2 e^{-x}$ 的极大值点是 $x=$ (　　).

A.0 　　　　B.$\dfrac{1}{2}$ 　　　　C.1 　　　　D.2

(12) 函数 $y=2x^2-\ln x$ 的单调增区间是(　　).

A.$\left(0,\dfrac{1}{2}\right)$ 　　　　　　　　B.$\left(-\dfrac{1}{2},0\right)\cup\left(\dfrac{1}{2},+\infty\right)$

C.$\left(\dfrac{1}{2},+\infty\right)$ 　　　　　　　　D.$\left(-\infty,-\dfrac{1}{2}\right)\cup\left(0,\dfrac{1}{2}\right)$

(13)设函数 $y=x^3-3x^2+7$,则函数在区间 $(-\infty,0)$ 和 $(0,2)$ 内分别是( ).

    A.增函数和增函数　　　　　　　　B.增函数和减函数

    C.减函数和增函数　　　　　　　　D.减函数和减函数

(14)曲线 $y=x+\mathrm{e}^x$ 在 $x=0$ 处的切线方程是( ).

    A.$2x-y+2=0$　　　B.$2x-y+1=0$　　　C.$x-y+2=0$　　　　D.$x-y+1=0$

(15)函数 $y=\dfrac{1}{3}x^3-4x+4$ 的极大值为( ).

    A.$\dfrac{28}{3}$　　　　　　B.$-\dfrac{28}{3}$　　　　　　C.$\dfrac{4}{3}$　　　　　　D.$-\dfrac{4}{3}$

(16)设 $f(x)$ 为可导函数,且 $\lim\limits_{\Delta x\to 0}\dfrac{f(x_0+2\Delta x)-(x_0)}{\Delta x}=4$,则 $f'(x_0)=$( ).

    A.1　　　　　　B.2　　　　　　C.0　　　　　　D.4

(17)设 $y=\dfrac{x^2+6x+2}{x}$,则 $y'=$( ).

    A.$\dfrac{x^2}{2}+6x+2\ln 2$　　B.$x-\dfrac{2}{x^2}$　　　　　　C.$2x+6$　　　　　　D.$1-\dfrac{2}{x^2}$

2.填空题

(1)函数 $f(x)=9x^5-8x^3+7$ 的导数 $f'(x)=$ _____ , $f'(-1)=$ _____ .

(2)函数 $y=(2x-5)^2$ 的导数 $y'|_{x=0}=$ _____ .

(3)函数 $y=6x^2-x^4$ 的驻点为_____ .

(4)函数 $y=x^2-\dfrac{1}{2}x^4$ 的极值为_____ .

3.解答题:

(1)求曲线在指定点处的切线方程.

①$y=x^2+1$,点 $(2,5)$;　　　　　　　　②$y=3x^3-6x+2$,点 $(1,-1)$.

(2)求下列函数的单调区间.

①$y=2x^3+3x^2-12x+1$;　　　　　　②$y=x^2-2x+4$.

（3）求下列函数的极值.

①$y=x^2-3x+10$；

②$y=-2x^2+4x-7$；

③$y=6+12x-x^3$.

（4）求函数$f(x)=4-6x-x^2-2x^3$在闭区间$[0,1]$上的最值.

第2部分　三角函数

第10章　三角函数及其有关概念

10.1　角的有关概念和度量

知识点

角的分类(象限角和终边相同的角)、角度与弧度的转化.

例题分析

【例1】　与1775°的终边相同的绝对值最小的角为(　　).

A.335°　　　　　　B.−25°　　　　　　C.25°　　　　　　D.155°

分析:本题考查终边相同的角的问题.

解:1775°=5×360°+(−25°).选 B.

【例2】　在单位圆中,弧长为3.2的弧所对的圆心角等于(　　).

A.3.2　　　　　　B.3.2π　　　　　　C.6.4　　　　　　D.6.4π

分析:本题考查弧长公式.

解:$r=1, l=3.2, \alpha=\dfrac{l}{r}=\dfrac{3.2}{1}=3.2$.选 A.

【例3】　−2370°是第(　　)象限的角.

A.一　　　　　　B.二　　　　　　C.三　　　　　　D.四

分析:本题考查的是象限角的问题.

解:−2370°=−6×360°−210°,−2370°与−210°的终边相同,则−2370°为第二象限角.选 B.

【例4】　角 $\alpha=3$,则 α 的终边落在(　　).

A.第一象限　　　　B.第二象限　　　　C.第三象限　　　　D.第四象限

分析:本题考查的是弧度制的问题.

解:$\dfrac{\pi}{2}<3<\pi, \alpha\in$ II.选 B.

📝 练 习

1. 下列说法中,正确的是(   ).
   A.第一象限的角一定是锐角   B.锐角一定是第一象限的角
   C.小于 90° 的角一定是锐角   D.第一象限的角一定是正角

2. 和 $-463°$ 终边相同的角可以表示为(   ).
   A.$k \cdot 360° + 463°, k \in \mathbf{Z}$ B.$k \cdot 360° + 103°, k \in \mathbf{Z}$
   C.$k \cdot 360° + 257°, k \in \mathbf{Z}$ D.$k \cdot 360° - 257°, k \in \mathbf{Z}$

3. 设 α 是第二象限的角,则 2α 是第(   )的角.
   A.一或三象限   B.二或四象限
   C.一或二象限   D.三或四象限

4. 在 $0 \sim 360°$ 内,与角 $-1770°$ 终边相同的角是(   ).
   A.210°   B.150°   C.60°   D.30°

5. "x 是钝角"是"x 是第二象限角"的(   ).
   A.充分非必要条件   B.必要非充分条件
   C.充分必要条件   D.即不充分也不必要条件

6. 经过一个小时,手表上的时针旋转了(   ).
   A.30°   B.$-30°$ C.15°   D.$-15°$

10.2　任意角的三角函数

📖 知识点

三角函数的定义及其应用;三角函数的符号及其应用;特殊角的三角函数值.

📝 例题分析

【例1】 已知角 α 的终边通过点 $P(-3,4)$,则 $\sin\alpha + \cos\alpha + \tan\alpha = ($ $)$.

   A.$-\dfrac{23}{15}$ B.$-\dfrac{17}{15}$ C.$-\dfrac{1}{15}$ D.$\dfrac{17}{15}$

分析:本题考查的是三角函数的概念.

解:$r = \sqrt{(-3)^2 + 4^2} = 5$,则 $\sin\alpha = \dfrac{4}{5}$,$\cos\alpha = -\dfrac{3}{5}$,$\tan\alpha = -\dfrac{4}{3}$

   则 $\sin\alpha + \cos\alpha + \tan\alpha = -\dfrac{17}{15}$.选 B.

【例2】 如果 $0 < \theta < \dfrac{\pi}{4}$,则(   ).

   A.$\cos\theta < \sin\theta$ B.$\sin\theta < \tan\theta$
   C.$\tan\theta < \cos\theta$ D.$\cos\theta < \tan\theta$

分析:本题考查的是第一象限三角函数值的变化.

解:θ 由 0 变化到 $\dfrac{\pi}{4}$ 时,$\sin\theta$ 由 0 递增到 $\dfrac{\sqrt{2}}{2}$,而 $\cos\theta$ 由 1 递减到 $\dfrac{\sqrt{2}}{2}$,

故 $\cos\theta>\sin\theta$,所以 A 是错的. 又由于 $\tan\theta>\sin\theta$,选 B.

【例 3】 设角 α 为第二象限的角,则(　　　).

　　　　A.$\cos\alpha<0,\tan\alpha>0$　　　　　　　　B.$\cos\alpha<0,\tan\alpha<0$

　　　　C.$\cos\alpha>0,\tan\alpha<0$　　　　　　　　D.$\cos\alpha>0,\tan\alpha>0$

分析:本题考查的是三角函数在各个象限的符号.

解:根据三角函数的定义,由于角 α 为第二象限的角,

所以 $\sin\alpha>0,\cos\alpha<0,\tan\alpha<0$.选 B.

【例 4】 已知角 α 的终边上一点坐标为 $(-3m,4m)$,且 $m<0$,则 $\sin\alpha,\cos\alpha$ 的值分别为

(　　　).

　　　　A.$-\dfrac{4}{5},\dfrac{3}{5}$　　　　B.$\dfrac{4}{5},-\dfrac{3}{5}$　　　　C.$-\dfrac{3}{5},\dfrac{4}{5}$　　　　D.$\dfrac{3}{5},-\dfrac{4}{5}$

分析:本题考查的是三角函数的概念.

解:因为 $r=\sqrt{(-3m)^2+4m^2}=5|m|$,由已知 $m<0$,所以 $r=-5m$,

则 $\sin\alpha=\dfrac{4m}{-5m}=-\dfrac{4}{5}$,$\cos\alpha=\dfrac{-3m}{-5m}=\dfrac{3}{5}$.选 A.

【例 5】 若 θ 为第一象限角,且 $\sin\theta-\cos\theta=0$,则 $\sin\theta+\cos\theta=$(　　　).

　　　　A.$\sqrt{2}$　　　　B.$\dfrac{\sqrt{2}}{2}$　　　　C.$\dfrac{\sqrt{2}}{3}$　　　　D.$\dfrac{\sqrt{2}}{4}$

分析:本题考查的是三角函数的知识.

解:由 $\sin\theta-\cos\theta=0$,得 $\sin\theta=\cos\theta$,即 $\tan\alpha=1$,又 θ 为第一象限角,可取 $\theta=\dfrac{\pi}{4}$ 作为特殊

值.$\sin\theta+\cos\theta=\dfrac{\sqrt{2}}{2}+\dfrac{\sqrt{2}}{2}=\sqrt{2}$.选 A.

练 习

1.若角 α 的终边过点 $(-3,-2)$,则(　　　).

　　A.$\sin\alpha\tan\alpha>0$　　　　　　　　　　B.$\cos\alpha\tan\alpha>0$

　　C.$\sin\alpha\cos\alpha>0$　　　　　　　　　　D.$\cos\alpha\cot\alpha>0$

2.若 α 是第二象限的角,其终边上一点 $P(x,\sqrt{5})$,且 $\cos\alpha=\dfrac{\sqrt{2}}{4}x$,则 $\sin\alpha$ 的值为(　　　).

　　A.$\dfrac{\sqrt{2}}{4}$　　　　　　B.$\dfrac{\sqrt{6}}{4}$　　　　　　C.$\dfrac{\sqrt{10}}{4}$　　　　　　D.$-\dfrac{\sqrt{10}}{4}$

3.在 $\triangle ABC$ 中,若最大的一个角的正弦值是 $\dfrac{\sqrt{3}}{2}$,则 $\triangle ABC$ 是(　　　).

　　A.锐角三角形　　　　　　　　　　　B.钝角三角形

　　C.直角三角形　　　　　　　　　　　D.等边三角形

4.使 $\lg(\cos\theta\cdot\tan\theta)$ 有意义的角 θ 是(　　).

    A.第一象限角   B.第二象限角

    C.第一或第二象限角   D.第一、二象限角或终边在 y 轴上

5.若 $\sin\alpha\tan\alpha<0$,则 α 是(　　).

    A.第一象限角   B.第一、三象限角

    C.第一、四象限角   D.第二、三象限角

6.如果 $\sin\beta=-\dfrac{3}{5}$,$\cos\beta=\dfrac{4}{5}$,则 β 是第_____象限的角.

7.已知点 $P(\tan\alpha,\cos\alpha)$ 在第三象限,则角 α 的终边在第_____象限.

8.$3\tan 0+5\sin\dfrac{3\pi}{2}-\sin^2\dfrac{\pi}{3}=$_____.

10.3　同角三角函数间的关系

知识点

同角三角函数间的关系式的应用.

例题分析

【例1】　$\sin\alpha=\dfrac{1}{2}$,α 为第二象限的角,则 $\cos\alpha=$(　　).

    A.$-\dfrac{\sqrt{3}}{2}$ B.$-\dfrac{\sqrt{2}}{2}$ C.$\dfrac{1}{2}$ D.$\dfrac{\sqrt{3}}{2}$

分析:本题考查三角函数求值.

解:由 $\sin\alpha=\dfrac{1}{2}$,α 为第二象限角,可知 $\cos\alpha<0$,则 $\cos\alpha=-\sqrt{1-\sin^2\alpha}=-\dfrac{\sqrt{3}}{2}$.选 A.

【例2】　设 $m=\sin\alpha+\cos\alpha$,$n=\sin\alpha-\cos\alpha$,则 $m^2+n^2=$(　　).

    A.2   B.$\cos\alpha$ C.$4\sin 2\alpha$ D.$2\sin 2\alpha$

分析:本题考查同角三角函数的关系.

解:$m^2+n^2=(\sin\alpha+\cos\alpha)^2+(\sin\alpha-\cos\alpha)^2=2$.选 A.

【例3】　设 $\tan\alpha=2$,且 $\sin\alpha<0$,则 $\cos\alpha$ 的值是(　　).

    A.$\dfrac{\sqrt{5}}{5}$ B.$-\dfrac{1}{5}$ C.$-\dfrac{\sqrt{5}}{5}$ D.$\dfrac{1}{5}$

分析:本题考查的是三角函数的基本关系式.

解:由已知 $\tan\alpha>0$ 且 $\sin\alpha<0$,则 α 为第三象限角,

    于是 $\sec\alpha=-\sqrt{1+\tan^2\alpha}=-\sqrt{1+2^2}=-\sqrt{5}$

    所以 $\cos\alpha=\dfrac{1}{\sec\alpha}=-\dfrac{\sqrt{5}}{5}$.选 C.

【例 4】 已知 $\tan \alpha = 4$，则 $\dfrac{3\sin \alpha - 4\cos \alpha}{5\sin \alpha + 6\cos \alpha} = ($ $)$.

     A.$-\dfrac{4}{13}$ B.$\dfrac{4}{13}$ C.$\dfrac{7}{11}$ D.$-\dfrac{1}{11}$

分析:本题考查的是同角三角函数的基本关系式.

解:因为 $\tan \alpha = 4 = \dfrac{\sin \alpha}{\cos \alpha}$，则 $\sin \alpha = 4\cos \alpha$，代入题中，

$$\dfrac{3\sin \alpha - 4\cos \alpha}{5\sin \alpha + 6\cos \alpha} = \dfrac{12\cos \alpha - 4\cos \alpha}{20\cos \alpha + 6\cos \alpha} = \dfrac{8\cos \alpha}{26\cos \alpha} = \dfrac{4}{13}. \text{选 B.}$$

【例 5】 已知 $\sin \alpha = \dfrac{1}{3}$，且 $\alpha \in \left(\dfrac{\pi}{2}, \pi\right)$，则 $\cot \alpha = $ _____.

分析:本题考查的是同角三角函数的基本关系式.

解:已知 $\alpha \in \left(\dfrac{\pi}{2}, \pi\right)$，则 $\cos \alpha = -\sqrt{1 - \sin^2 \alpha} = -\sqrt{1 - \left(\dfrac{1}{3}\right)^2} = -\dfrac{2\sqrt{2}}{3}$

所以 $\cot \alpha = \dfrac{\cos \alpha}{\sin \alpha} = \dfrac{-\dfrac{2\sqrt{2}}{3}}{\dfrac{1}{3}} = -2\sqrt{2}.$

练 习

1.已知 $\sin \alpha = \dfrac{4}{5}$，且 α 为第二象限的角，那么 $\tan \alpha$ 的值为(   ).

     A.$\dfrac{4}{3}$ B.$-\dfrac{4}{3}$ C.$\dfrac{3}{4}$ D.$-\dfrac{3}{4}$

2.已知 $\sin \alpha \cos \alpha = \dfrac{1}{8}$，且 $\dfrac{\pi}{4} < \alpha < \dfrac{\pi}{2}$，则 $\cos \alpha - \sin \alpha$ 的值为(   ).

     A.$\dfrac{\sqrt{3}}{2}$ B.$\dfrac{3}{4}$ C.$-\dfrac{\sqrt{3}}{2}$ D.$\pm\dfrac{\sqrt{3}}{2}$

3.设 α 是第二象限的角，则 $\dfrac{\sin \alpha}{\cos \alpha} \cdot \sqrt{\dfrac{1}{\sin^2 \alpha} - 1} = ($).

     A.1   B.$\tan^2 \alpha$ C.$-\tan^2 \alpha$ D.-1

4.若 $\tan \theta = \dfrac{1}{3}$，$\pi < \theta < \dfrac{3}{2}\pi$，则 $\sin \theta \cdot \cos \theta$ 的值为(   ).

     A.$\pm\dfrac{3}{10}$ B.$\dfrac{3}{10}$ C.$\dfrac{3}{\sqrt{10}}$ D.$\pm\dfrac{3}{\sqrt{10}}$

5.已知 $\dfrac{\sin \alpha - \cos \alpha}{2\sin \alpha + 3\cos \alpha} = \dfrac{1}{5}$，则 $\tan \alpha$ 的值是(   ).

     A.$\dfrac{8}{3}$ B.$\pm\dfrac{8}{3}$ C.$-\dfrac{8}{3}$ D.无法确定

6.已知 $\sin\theta-\cos\theta=\dfrac{1}{2}$,则 $\sin^3\theta-\cos^3\theta=$ _____.

7.已知 $\tan\alpha=2$,则 $2\sin^2\alpha-3\sin\alpha\cos\alpha-2\cos^2\alpha=$ _____.

8.化简 $\sqrt{\dfrac{1+\cos\alpha}{1-\cos\alpha}}+\sqrt{\dfrac{1-\cos\alpha}{1+\cos\alpha}}$($\alpha$ 为第四象限角)= _____.

10.4　三角诱导公式

知识点

三角函数的诱导公式及其应用.

例题分析

【例1】　$\sin\dfrac{17\pi}{6}=$(　　).

A.$\dfrac{1}{2}$　　　　B.$\dfrac{\sqrt{3}}{2}$　　　　C.$-\dfrac{1}{2}$　　　　D.$-\dfrac{\sqrt{3}}{2}$

分析:本题考查的是诱导公式及特殊角的三角函数值.

解:$\sin\dfrac{17\pi}{6}=\sin\left(2\pi+\dfrac{5\pi}{6}\right)=\sin\dfrac{5\pi}{6}=\sin\left(\pi-\dfrac{\pi}{6}\right)=\sin\dfrac{\pi}{6}=\dfrac{1}{2}$.选 A.

【例2】　化简 $\sqrt{1-\sin^2 1540°}=$(　　).

A.cos 100°　　　B.sin 20°　　　C.sin 10°　　　D.cos 10°

分析:本题考查的是诱导公式和同角三角函数的基本关系式.

解:由于 $\sin 1540°=\sin(4\times360°+100°)=\sin 100°=\sin(180°-80°)=\sin 80°$,

于是,原式$=\sqrt{1-\sin^2 80°}=\cos 80°=\cos(90°-10°)=\sin 10°$.选 C.

【例3】　$\cos\dfrac{19\pi}{6}$的值等于 _____.

分析:本题考查的是诱导公式的应用.

解:$\cos\dfrac{19\pi}{6}=\cos\left(2\pi+\dfrac{7\pi}{6}\right)=\cos\dfrac{7\pi}{6}=\cos\left(\pi+\dfrac{\pi}{6}\right)=-\cos\dfrac{\pi}{6}=-\dfrac{\sqrt{3}}{2}$

练习

1.$\sin\left(-\dfrac{19\pi}{6}\right)$的值为(　　).

A.$\dfrac{1}{2}$　　　　B.$-\dfrac{1}{2}$　　　　C.$\dfrac{\sqrt{3}}{2}$　　　　D.$-\dfrac{\sqrt{3}}{2}$

2.若 $\cos(\pi+\alpha)=-\dfrac{\sqrt{10}}{5}$，且 $\alpha\in\left(-\dfrac{\pi}{2},0\right)$，则 $\tan\left(\dfrac{3\pi}{2}+\alpha\right)$ 的值为（　　）.

　A.$-\dfrac{\sqrt{6}}{3}$　　　　　B.$\dfrac{\sqrt{6}}{3}$　　　　　C.$-\dfrac{\sqrt{6}}{2}$　　　　　D.$\dfrac{\sqrt{6}}{2}$

3.下列各式中,不正确的是（　　）.

　A.$\sin(\alpha+180°)=-\sin\alpha$　　　　　B.$\cos(-\alpha+\beta)=-\cos(\alpha-\beta)$

　C.$\sin(-\alpha-360°)=-\sin\alpha$　　　　　D.$\cos(-\alpha-\beta)=\cos(\alpha+\beta)$

4.若 $\sin(\pi+\alpha)+\sin(-\alpha)=-m$，则 $\sin(3\pi+\alpha)+2\sin(2\pi-\alpha)=$（　　）.

　A.$-\dfrac{2}{3}m$　　　　　B.$-\dfrac{3}{2}m$　　　　　C.$\dfrac{2}{3}m$　　　　　D.$\dfrac{3}{2}m$

5.设 $\tan\theta=2$，则 $\tan(\theta+\pi)=$（　　）.

　A.-2　　　　　B.$-\dfrac{1}{2}$　　　　　C.$\dfrac{1}{2}$　　　　　D.2

6.$\cos\dfrac{7\pi}{6}=$＿＿＿＿＿＿.

7.若 $\cos(\pi+A)=-\dfrac{1}{2}$，则 $\sin\left(\dfrac{\pi}{2}+A\right)$ 的值是＿＿＿＿＿＿.

10.5　三角加法公式及其推论

知识点

三角函数的加法公式和推论的应用.

例题分析

【例1】　设 $\alpha\in\left(0,\dfrac{\pi}{2}\right)$，$\cos\alpha=\dfrac{3}{5}$，则 $\sin2\alpha=$（　　）.

　　A.$\dfrac{8}{25}$　　　　B.$\dfrac{9}{25}$　　　　C.$\dfrac{12}{25}$　　　　D.$\dfrac{24}{25}$

分析:本题考查的是同角三角函数的关系和二倍角公式.

解:因为 $\alpha\in\left(0,\dfrac{\pi}{2}\right)$，所以 $\sin\alpha=\sqrt{1-\cos^2\alpha}=\sqrt{1-\left(\dfrac{3}{5}\right)^2}=\dfrac{4}{5}$，

　　$\sin2\alpha=2\sin\alpha\cos\alpha=\dfrac{24}{25}$.选 D.

【例2】　$\sin15°\cos15°=$（　　）.

　　A.$\dfrac{1}{4}$　　　　B.$\dfrac{1}{2}$　　　　C.$\dfrac{\sqrt{3}}{4}$　　　　D.$\dfrac{\sqrt{2}}{2}$

分析：本题考查三角函数的倍角公式和特殊角的三角函数值．

解：根据 $\sin 2\alpha = 2\sin\alpha\cos\alpha$，得

$$\sin 15°\cos 15° = \frac{1}{2}(2\sin 15°\cos 15°) = \frac{1}{2}\sin 30° = \frac{1}{4}.\ 选\ A.$$

【例3】 在 $\triangle ABC$ 中，角 $C=30°$，则 $\cos A\cos B - \sin A\sin B$ 的值等于（　　）．

　　　A. $\dfrac{1}{2}$　　　　B. $\dfrac{\sqrt{3}}{2}$　　　　C. $-\dfrac{1}{2}$　　　　D. $-\dfrac{\sqrt{3}}{2}$

分析：本题考查的是两角和的余弦公式与诱导公式．

解：原式 $=\cos(A+B) = -\cos[180°-(A+B)] = -\cos C = -\dfrac{\sqrt{3}}{2}.\ 选\ D.$

【例4】 函数 $f(x) = \cos^2 x + \cos 2x$ 的最大值为 _____．

分析：本题考查三角函数的最值和二倍角公式的基本知识．

解：$f(x) = \cos^2 x + \cos 2x = \cos^2 x + 2\cos^2 x - 1 = 3\cos^2 x - 1$，当 $|\cos x| = 1$ 时，$f(x)$ 有最大值；所以 $f(x)$ 的最大值为 2．

【例5】 $\sin 15° = $ _____．

分析：本题考查的是两角差的正弦公式．

解：$\sin 15° = \sin(45°-30°) = \sin 45°\cos 30° - \cos 45°\sin 30°$

$$= \frac{\sqrt{2}}{2}\cdot\frac{\sqrt{3}}{2} - \frac{\sqrt{2}}{2}\cdot\frac{1}{2} = \frac{\sqrt{6}}{4} - \frac{\sqrt{2}}{4} = \frac{\sqrt{6}-\sqrt{2}}{4}$$

◆练习

1. $\sin(-15°) = $（　　）．

　　　A. $\dfrac{\sqrt{6}-\sqrt{2}}{4}$　　　B. $\dfrac{\sqrt{2}-\sqrt{6}}{4}$　　　C. $-\dfrac{\sqrt{6}+\sqrt{2}}{4}$　　　D. $\dfrac{\sqrt{6}+\sqrt{2}}{4}$

2. $\sin(x-y)\cos y + \cos(x-y)\sin y = $（　　）．

　　　A. $\sin x$　　　　B. $\sin x\cos y$　　　　C. $\cos x$　　　　D. $\sin y\cos x$

3. 函数 $y = \cos x + \sqrt{3}\sin x\ (x\in\mathbf{R})$ 的最小值是（　　）．

　　　A. $-\dfrac{1}{2}$　　　　B. -1　　　　C. -2　　　　D. $-1-\sqrt{3}$

4. 若 $\sin\dfrac{x}{2} - \cos\dfrac{x}{2} = \dfrac{1}{3}$，则 $\sin x = $（　　）．

　　　A. $\dfrac{8}{9}$　　　　B. $\pm\dfrac{8}{9}$　　　　C. $\dfrac{2}{3}$　　　　D. $\pm\dfrac{2}{3}$

5. 在等腰 $\triangle ABC$ 中，A 是顶角，且 $\cos A = -\dfrac{1}{2}$，则 $\cos B = $（　　）．

　　　A. $-\dfrac{1}{2}$　　　　B. $\dfrac{\sqrt{3}}{2}$　　　　C. $-\dfrac{\sqrt{3}}{2}$　　　　D. $\dfrac{1}{2}$

6. $\cos 10°\cos 140° - \sin 10°\sin 140°$ 的值等于 _____．

7. 化简 $\sin x + \cos x = $ _____．

8.$\dfrac{1+\tan 15°}{1-\tan 15°}=$＿＿＿＿＿.

自测题

1.选择题

(1)在下列数中,与 $\cos 1030°$ 相等的是(　　).

A.$\cos 50°$　　　　　B.$-\cos 50°$　　　　　C.$\sin 50°$　　　　　D.$-\sin 50°$

(2)已知 $x\in[0,2\pi]$,如果 $y=\cos x$ 是增函数,且 $y=\sin x$ 是减函数,那么(　　).

A.$0\leqslant x\leqslant\dfrac{\pi}{2}$　　　　　　　　B.$\dfrac{\pi}{2}\leqslant x\leqslant\pi$

C.$\pi\leqslant x\leqslant\dfrac{3\pi}{2}$　　　　　　　　D.$\dfrac{3\pi}{2}\leqslant x\leqslant 2\pi$

(3)$\cos 1,\cos 2,\cos 3$ 的大小关系为(　　).

A.$\cos 1>\cos 3>\cos 2$　　　　　　B.$\cos 1>\cos 2>\cos 3$

C.$\cos 3>\cos 2>\cos 1$　　　　　　D.$\cos 2>\cos 1>\cos 3$

(4)如果 $\sin\alpha=\dfrac{5}{13}$,$\alpha\in\left(\dfrac{\pi}{2},\pi\right)$,那么 $\tan\alpha$ 等于(　　).

A.$-\dfrac{5}{12}$　　　　　B.$\dfrac{5}{12}$　　　　　C.$-\dfrac{12}{5}$　　　　　D.$\dfrac{12}{5}$

(5)$\cos 79°\cos 34°+\sin 79°\sin 34°=$(　　).

A.$\dfrac{1}{2}$　　　　　B.$\dfrac{\sqrt{3}}{2}$　　　　　C.1　　　　　D.$\dfrac{\sqrt{2}}{2}$

(6)函数 $f(x)=2\sin(3x+\pi)+1$ 的最大值是(　　).

A.-1　　　　　B.1　　　　　C.2　　　　　D.3

(7)若 $0<\theta<\dfrac{\pi}{2}$,则下列式子正确的是(　　).

A.$\sin\theta>\sin^2\theta$　　　　　　　　B.$\cos\theta<\cos^2\theta$

C.$\sin\theta<\sin^2\theta$　　　　　　　　D.$\sin\theta>\cos\theta$

(8)若 $\dfrac{\pi}{2}<\theta<\pi$,$\sin\theta=\dfrac{1}{4}$,则 $\cos\theta=$(　　).

A.$\dfrac{\sqrt{15}}{4}$　　　　　B.$-\dfrac{\sqrt{15}}{4}$　　　　　C.$-\dfrac{\sqrt{15}}{16}$　　　　　D.$\dfrac{\sqrt{15}}{16}$

(9)已知 $\sin\alpha=-\dfrac{\sqrt{3}}{3}$,$270°<\alpha<360°$,那么 $\sin 2\alpha=$(　　).

A.$\dfrac{2\sqrt{2}}{3}$　　　　　B.$-\dfrac{2\sqrt{2}}{3}$　　　　　C.$-\dfrac{\sqrt{3}}{8}$　　　　　D.$\dfrac{\sqrt{3}}{8}$

(10)函数 $f(x)=\cos 2x+\sin x$ 的最大值是(　　).

A.2　　　　　B.1　　　　　C.$\sqrt{2}$　　　　　D.$\dfrac{9}{8}$

(11)设 $\alpha=2$,则下列式子正确的是(　　).

　　A.$\sin \alpha>0,\cos \alpha>0$　　　　　　　　B.$\sin \alpha<0,\cos \alpha>0$

　　C.$\sin \alpha>0,\cos \alpha<0$　　　　　　　　D.$\sin \alpha<0,\cos \alpha<0$

(12)若 α 是第三象限的角,则 $k\cdot360°-\alpha(k\in\mathbf{Z})$ 是(　　).

　　A.第一象限的角　　　　　　　　　　B.第二象限的角

　　C.第三象限的角　　　　　　　　　　D.第四象限的角

(13)已知 $\tan \alpha,\tan \beta$ 是方程 $2x^2-4x+1=0$ 的两个根,则 $\tan(\alpha+\beta)=$ (　　).

　　A.4　　　　　　　B.-4　　　　　　　C.$\dfrac{4}{3}$　　　　　　　D.8

(14)已知 $3\sin^2\alpha+8\sin \alpha-3=0$,则 $\cos 2\alpha=$ (　　).

　　A.$\dfrac{7}{9}$　　　　　　B.$-\dfrac{7}{9}$　　　　　　C.$\dfrac{1}{3}$　　　　　　D.$-\dfrac{1}{3}$

(15)已知 α 是三角形的一个内角,且 $\sin \alpha+\cos \alpha=\dfrac{1}{3}$,则 $\alpha\in$ (　　).

　　A.$\left(0,\dfrac{\pi}{4}\right)$　　　　B.$\left(\dfrac{\pi}{4},\dfrac{\pi}{2}\right)$　　　　C.$\left(\dfrac{\pi}{2},\dfrac{3\pi}{4}\right)$　　　　D.$\left(\dfrac{3\pi}{4},\pi\right)$

(16)$\cos 12°\cos 98°-\sin 12°\sin 98°=$ (　　).

　　A.$\cos 20°$　　　　B.$\sin 20°$　　　　C.$-\cos 20°$　　　　D.$-\sin 20°$

(17)已知函数 $f(x)=\sin \dfrac{x}{2}$,则下面等式中对任意 $x(x\in\mathbf{R})$ 恒成立的是(　　).

　　A.$f(x+2\pi)=f(x)$　　　　　　　　B.$f(-x)=-f(x)$

　　C.$f(-x)=f(x)$　　　　　　　　　　D.$f(\pi-x)=f(x)$

2.填空题

(1)若 $\sin \theta>0$,且 $\cos \theta<0$,则 θ 是第_____象限的角.

(2)化简 $\sec^2\theta-\tan \alpha \cot \alpha=$_____.

(3)$\cos 105°=$_____.

(4)已知点 $P(-3,1)$ 为角 α 终边上一点,则 $\cos(2\alpha-\pi)$ 的值等于_____.

3.解答题

(1)已知 $\sin \alpha=\dfrac{12}{13},\alpha\in\left(\dfrac{\pi}{2},\pi\right),\cos \beta=-\dfrac{3}{5},\beta\in\left(\pi,\dfrac{3\pi}{2}\right)$,求 $\cos(\alpha-\beta)$ 的值.

(2)已知角 α 的顶点在坐标原点,始边在 x 轴正半轴上,点 $(1,2\sqrt{2})$ 在 α 的终边上,

　①求 $\sin\alpha$ 的值;　　　　　　　　②求 $\cos 2\alpha$ 的值.

(3)在 $\triangle ABC$ 中,已知 $5\tan B\tan C=1$,求 $\dfrac{\cos A}{\cos(B-C)}$ 的值.

(4)设函数 $f(\theta)=\dfrac{2\sin\theta\cos\theta+\dfrac{5}{2}}{\sin\theta+\cos\theta},\theta\in\left[0,\dfrac{\pi}{2}\right]$,

　①求 $f\left(\dfrac{\pi}{12}\right)$;　　　　　　　　②求函数 $f(\theta)$ 的最小值.

第11章 三角函数的图像与性质

11.1 三角函数的图像

知识点

三角函数的图像.

例题分析

【例1】 用"五点法"画出下列函数在区间$[0,2\pi]$内的简图。

(1)$y=-\sin x$，   (2)$y=\sin x+1$.

解:(1)列表如下:

x	0	$\dfrac{\pi}{2}$	π	$\dfrac{3\pi}{2}$	2π
$y=\sin x$	0	1	0	-1	0
$y=-\sin x$	0	-1	0	1	0

描点连线得$y=-\sin x$的图像:

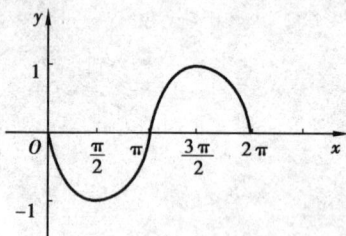

(2)列表如下:

x	0	$\dfrac{\pi}{2}$	π	$\dfrac{3\pi}{2}$	2π
$y=\sin x$	0	1	0	-1	0
$y=\sin x+1$	1	2	1	0	1

描点连线得 $y=\sin x+1$ 的图像：

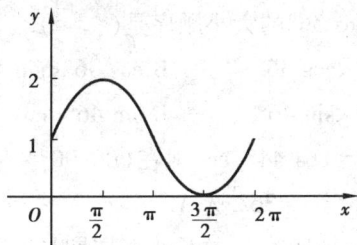

11.2 三角函数的性质

知识点

三角函数的周期；三角函数的最值；三角函数的单调性和奇偶性.

例题分析

【例 1】 $y=\left(\sin\dfrac{x}{3}+\cos\dfrac{x}{3}\right)^2$ 的最小正周期是( ).

A.2π B.3π C.4π D.6π

解：$y=\left(\sin\dfrac{x}{3}+\cos\dfrac{x}{3}\right)^2=\sin^2\dfrac{x}{3}+\cos^2\dfrac{x}{3}+2\sin\dfrac{x}{3}\cos\dfrac{x}{3}=1+\sin\dfrac{2x}{3}\Rightarrow T=\dfrac{2\pi}{\left|\dfrac{2}{3}\right|}=3\pi.$ 选 B.

【例 2】 $y=\sin^2\pi x$ 的最小正周期是( )

A.π B.2π C.1 D.2

解：$y=\sin^2\pi x=\dfrac{1-\cos 2\pi x}{2}=\dfrac{1}{2}-\dfrac{1}{2}\cos 2\pi x\Rightarrow T=\dfrac{2\pi}{|2\pi|}=1.$ 选 C.

【例 3】 若 $y=\sin\left(\omega x+\dfrac{\pi}{4}\right)$ 的最小正周期是 $\dfrac{2\pi}{3}$，则 $\omega=($).

A.± 3 B.$\pm 3\pi$ C.$\pm\dfrac{4}{3}$ D.$\pm\dfrac{3}{2}$

解：$T=\dfrac{2\pi}{|\omega|}=\dfrac{2\pi}{3}\Rightarrow|\omega|=3\Rightarrow\omega=\pm 3.$ 选 A.

【例 4】 $y=3\sin x+2\cos x$ 的最小值是( ).

A.0 B.-3 C.-5 D.$-\sqrt{13}$

解：$y=a\sin x+b\cos x=\sqrt{a^2+b^2}\sin(x+\varphi)\Rightarrow y_{\min}=-\sqrt{a^2+b^2}\Rightarrow y_{\min}=-\sqrt{3^2+2^2}=-\sqrt{13}.$ 选 D.

【例 5】 若 $y=a\sin x+\cos x$ 的最大值是 $\sqrt{5}$，则 $a=($).

A.$\sqrt{5}-1$ B.$\sqrt{5}$ C.± 3 D.± 2

解：$y_{max}=\sqrt{a^2+1}=\sqrt{5}\Rightarrow a^2+1=5\Rightarrow a=\pm 2$. 选 D.

【例6】 $\sin 46°,\cos 46°,\cos 36°$ 的大小顺序是（   ）.

  A.$\cos 46°<\sin 46°<\cos 36°$ B.$\cos 36°<\sin 46°<\cos 46°$

  C.$\cos 46°<\cos 36°<\sin 46°$ D.$\sin 46°<\cos 36°<\cos 46°$

解：$\sin 46°=\sin(90°-44°)=\cos 44°$，$\cos x$ 在 $(0°,90°)$ 内是减函数 $\Rightarrow\cos 46°<\cos 44°<\cos 36°\Rightarrow\cos 46°<\sin 46°<\cos 36°$. 选 A.

【例7】 函数 $y=(\cos^2 x-\sin^2 x)\tan 2x$ 的最小正周期是_____.

解：$y=(\cos^2 x-\sin^2 x)\tan 2x=\cos 2x\cdot\tan 2x=\sin 2x\Rightarrow T=\dfrac{2\pi}{|2|}=\pi$.

【例8】 函数 $y=\sin\left(\dfrac{\pi}{2}-x\right)+\sin x$ 的值域是_____.

解：$y=\sin\left(\dfrac{\pi}{2}-x\right)+\sin x=\cos x+\sin x=\sqrt{2}\sin\left(x+\dfrac{\pi}{4}\right)\Rightarrow-\sqrt{2}\leqslant y\leqslant\sqrt{2}$.

【例9】 函数 $y=3-\left(\cos x-\dfrac{1}{2}\right)^2$ 的最小值是_____.

解：当 $\cos x=-1$ 时，$\left(\cos x-\dfrac{1}{2}\right)^2=\left(-\dfrac{3}{2}\right)^2=\dfrac{9}{4}$ 为最大值，$\Rightarrow y=3-\left(\cos x-\dfrac{1}{2}\right)^2=3-\dfrac{9}{4}=\dfrac{3}{4}$ 是最小值.

【例10】 求函数 $y=2-\dfrac{4}{3}\sin x-\cos^2 x$ 的最值.

解：$y=2-\dfrac{4}{3}\sin x-\cos^2 x=2-\dfrac{4}{3}\sin x-(1-\sin^2 x)=\sin^2 x-\dfrac{4}{3}\sin x+1=\left(\sin x-\dfrac{2}{3}\right)^2+\dfrac{5}{9}\Rightarrow$ 当 $\sin x=\dfrac{2}{3}$ 时，$y_{min}=\dfrac{5}{9}$；当 $\sin x=-1$ 时，$y_{max}=\dfrac{10}{3}$.

练习

1.比较下列两个三角函数值的大小.

（1）$\sin 47°$ 与 $\sin 48°$； （2）$\cos 47°$ 与 $\cos 48°$；

（3）$\sin 1.1\pi$ 与 $\sin 1.2\pi$； （4）$\cos 1.1\pi$ 与 $\cos 1.2\pi$；

（5）$\sin 32°$ 与 $\cos 32°$； （6）$\sin 300°$ 与 $\cos 300°$.

2.求下列函数的最小正周期.

(1) $y = 3\sin\left(\dfrac{1}{2}x + \dfrac{\pi}{7}\right)$;

(2) $y = \dfrac{1}{2}\sin\left(\dfrac{2}{3}x + \dfrac{\pi}{4}\right) + 1$;

(3) $y = 4\cos\left(2x + \dfrac{\pi}{4}\right)$;

(4) $y = \sin\left(\dfrac{x}{3} + \dfrac{\pi}{2}\right)\sin\dfrac{x}{3}$;

(5) $y = \sin(x + 9\pi)\cos(x + 7\pi)$;

(6) $y = 2\cos^2\dfrac{x}{4} + 1$.

3.求下列函数的最值.

(1) $y = 2\sin x\,3\cos x$;

(2) $y = 2\sin 2x + \cos 2x$;

(3) $y = 3\sin\left(3x + \dfrac{\pi}{4}\right) + 1$;

(4) $y = \sqrt{3}\cos^2 x - \sin x\cos x$.

第 12 章　解三角形

12.1　解直角三角形

知识点

角角关系、角边关系、面积公式.

例题分析

【例1】　已知 $\triangle ABC$ 中，$C=90°$，$A=30°$，$a=1$，那么 $AC=($　　　$)$.

$\quad$ A.$\sqrt{3}$ $\qquad\qquad$ B.$\sqrt{2}$ $\qquad\qquad$ C.$\dfrac{\sqrt{3}}{2}$ $\qquad\qquad$ D.$\dfrac{\sqrt{2}}{2}$

解1：如右图所示.

$$\tan A=\frac{a}{AC} \text{ 即 } \tan 30°=\frac{1}{AC}$$

得 $\quad AC=\dfrac{1}{\tan 30°}=\dfrac{1}{\dfrac{\sqrt{3}}{3}}=\sqrt{3}$

选 A.

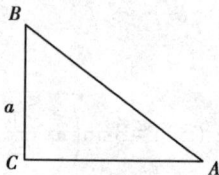

解2：利用直角三角形的性质：30°角所对的直角边等于斜边的一半，可求出 $AB=2$，由勾

$\quad$ 股定理得 $AC=\sqrt{AB^2-BC^2}=\sqrt{2^2-1^2}=\sqrt{3}$.选 A.

【例2】　已知 $\triangle ABC$ 的 3 个顶点的坐标分别为 $A(2,1)$，$B(1,0)$，$C(3,0)$，求：

(1)角 B 的正弦值；

(2)$\triangle ABC$ 的面积.

解：(1)如下图所示，连接 AD，由等腰三角形性质可知 $AD\perp BC$，且 $BD=DC=1$，$AD=1$.

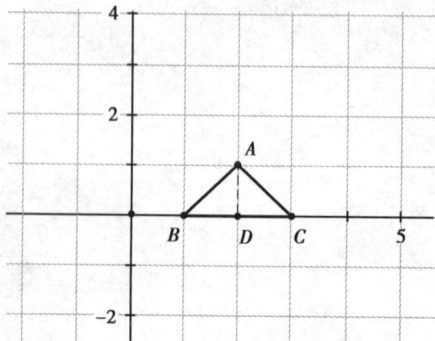

由勾股定理得：$AB=\sqrt{BD^2+AD^2}=\sqrt{2}$.

所以 $\sin B=\dfrac{AD}{AB}=\dfrac{1}{\sqrt{2}}=\dfrac{\sqrt{2}}{2}$.

（2）$S_{\triangle ABC}=\dfrac{1}{2}BC\cdot AD=\dfrac{1}{2}\times2\times1=1$.

【例3】 已知 $\triangle ABC$ 中，$A=30°$，$AC=BC=1$.

求：（1）AB 的长.

（2）求 $\triangle ABC$ 的面积.

解：（1）如右图，过 C 作 $CD\perp AB$，垂足为 D.

因为 $AC=BC$，所以 $AD=DB=\dfrac{1}{2}AB$.

在 Rt$\triangle ADC$ 中，由 $\cos A=\dfrac{AD}{AC}$ 得

$\cos 30°=\dfrac{AD}{1}$，$AD=\dfrac{\sqrt{3}}{2}$

$AB=2AD=\sqrt{3}$

$CD=\sqrt{AC^2-AD^2}=\sqrt{1^2-\left(\dfrac{\sqrt{3}}{2}\right)^2}=\dfrac{1}{2}$

（2）由（1）问及勾股定理得

$S_{\triangle ABC}=\dfrac{1}{2}AB\cdot CD=\dfrac{1}{2}\times\sqrt{3}\times\dfrac{1}{2}=\dfrac{\sqrt{3}}{4}$

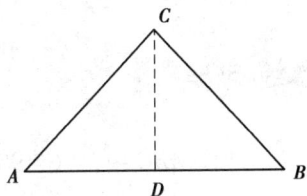

【例4】 在 $\triangle ABC$ 中，$A=45°$，$B=60°$，$AB=2$，求 $\triangle ABC$ 的面积.（精确到0.01）

解：如右图所示，过 C 作 $CD\perp AB$，垂足为 D.

在 Rt$\triangle ADC$ 中，由 $\tan A=\dfrac{CD}{AD}$ 得

$\tan 45°=\dfrac{CD}{AD}=1$，$CD=AD$

在 Rt$\triangle BDC$ 中，由 $\tan B=\dfrac{CD}{BD}$ 得

$\tan 60°=\dfrac{CD}{BD}=\dfrac{CD}{AB-AD}=\dfrac{CD}{2-CD}=\sqrt{3}$

$2\sqrt{3}-\sqrt{3}CD=CD$，$CD=\dfrac{2\sqrt{3}}{\sqrt{3}+1}=3-\sqrt{3}$

$S_{\triangle ABC}=\dfrac{1}{2}AB\cdot CD=\dfrac{1}{2}\times2\times(3-\sqrt{3})=3-\sqrt{3}\approx1.27$

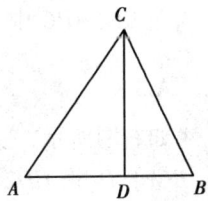

【例5】 如右图所示，塔 PO 与地平线 AO 垂直，在 A 点测得塔顶 P 的仰角 $\angle PAO=45°$，沿 AO 方向前进至 B 点，测得仰角 $\angle PBO=60°$，B 与 O 相距 44 m，求塔高 PO.（精确到0.1 m）

解：在 Rt$\triangle POA$ 中，由 $\tan\angle PAO=\dfrac{PO}{AO}$ 得

$$\tan 45° = \frac{PO}{AO} = 1, AO = PO$$

在 Rt△POB 中, 由 $\tan \angle PBO = \frac{PO}{BO}$ 得

$$\tan 60° = \frac{PO}{BO} = \sqrt{3}, \ 又 \ BO = AO - AB = PO - 44$$

所以 $\frac{PO}{PO - 44} = \sqrt{3}$

$$PO = \frac{44\sqrt{3}}{\sqrt{3} - 1} = 22\sqrt{3}(\sqrt{3} + 1) = 66 + 22\sqrt{3} \approx 104.1 \ (m)$$

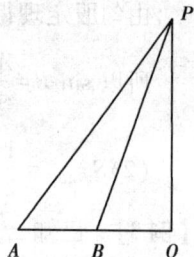

练 习

1. 在 Rt△ABC 中, $\angle C = 90°$, $\cos A = \frac{4}{5}$, 那么 $\tan B$ 的值为(   ).

A. $\frac{3}{5}$ B. $\frac{5}{4}$ C. $\frac{3}{4}$ D. $\frac{4}{3}$

2. 如右图所示, 在 Rt△ABC 中, $\angle A = 90°$, $AC = 6$ cm, $AB = 8$ cm, 把 AB 边翻折, 使 AB 边落在 BC 边上, 点 A 落在点 E 处, 折痕为 BD, 则 $\sin \angle DBE$ 的值为(   ).

A. $\frac{1}{3}$ B. $\frac{3}{10}$

C. $\frac{3\sqrt{73}}{73}$ D. $\frac{\sqrt{10}}{10}$

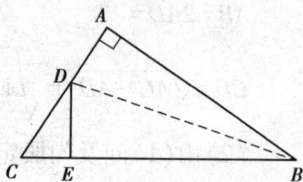

3. 在 Rt△ABC 中, $\angle C = 90°$, $\tan B = \frac{\sqrt{3}}{2}$, $BC = 2\sqrt{3}$, 则 AC 等于(   ).

A.3   B.4   C.$4\sqrt{3}$ D.6

4. 如右图所示, 三角形 △ABC 中, $\angle A = 45°$, $\angle B = 60°$, $AB = 3\sqrt{3}$, $AD \perp BC$ 于 D, 求 CD.

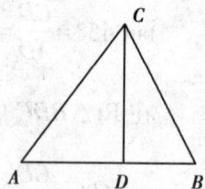

5. 如右图所示, 会堂里竖直挂一条幅 AB, 小刚从与 B 成水平的 C 点观察, 视角 $\angle C = 30°$, 当他沿 CB 方向前进 2 m 到达到 D 时, 视角 $\angle ADB = 45°$, 求条幅 AB 的长度.

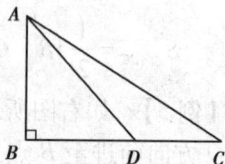

6.在 $\triangle ABC$ 中 $\angle C$ 是锐角,$BC=a$,$AC=b$,

(1)证明:$S_{\triangle ABC}=\dfrac{1}{2}ab\sin C$;

(2)$\triangle ABC$ 是等边三角形,边长为 4,求 $\triangle ABC$ 的面积.

12.2 解斜三角形

知识点

正弦定理、余弦定理、三角形的面积公式.

例题分析

【例 1】 在 $\triangle ABC$ 中,$B=45°$,$C=60°$,$AB=8\sqrt{6}$,求 AC 与 BC.

解:如右图所示,由 $\dfrac{AB}{\sin C}=\dfrac{AC}{\sin B}$ 得

$$\dfrac{8\sqrt{6}}{\sin 60°}=\dfrac{AC}{\sin 45°}$$

$$AC=\dfrac{8\sqrt{6}\times\dfrac{\sqrt{2}}{2}}{\dfrac{\sqrt{3}}{2}}=16$$

过 A 作 $AD\perp BC$,垂足为 D.

在 $\mathrm{Rt}\triangle ADC$ 中,由 $\cos C=\dfrac{CD}{AC}$ 得

$$CD=16\times\cos 60°=8$$

在 $\mathrm{Rt}\triangle ADB$ 中,由 $\cos B=\dfrac{BD}{AB}$ 得

$$BD=8\sqrt{6}\times\cos 45°=8\sqrt{3}$$

于是 $BC=BD+DC=8\sqrt{3}+8$

注意:你能用余弦定理来求 BC 的长吗? 比较一下两种方法求 BC 的难易.

【例 2】 已知 $\triangle ABC$ 中,$\angle A=30°$,$BC=1$,$AB=\sqrt{3}AC$,

(1)求 AB;   (2)求 $\triangle ABC$ 的面积.

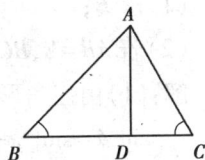

解:(1)如右图所示,设$AC=x$,则$AB=\sqrt{3}x$,由余弦定理得

$$BC^2=AC^2+AB^2-2AC\cdot AB\cdot\cos A$$

$$1^2=x^2+(\sqrt{3}x)^2-2x\cdot\sqrt{3}x\cdot\cos 30°$$

整理得$x^2=1,x=1$,所以$AB=\sqrt{3}$

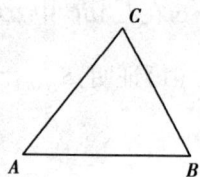

$$(2)\ S_{\triangle ABC}=\frac{1}{2}AC\cdot AB\cdot\sin A=\frac{1}{2}\times1\times\sqrt{3}\sin 30°=\frac{\sqrt{3}}{4}$$

【例3】 已知$\triangle ABC$中,$B=60°$,$AB=2$,$BC=3$,BD为AC边上的高,求AC与BD的长.

解:如右图所示,由余弦定理得

$$AC^2=AB^2+BC^2-2AB\cdot BC\cdot\cos\angle ABC$$

$$AC^2=2^2+3^2-2\times2\times3\cos 60°=7$$

所以$AC=\sqrt{7}$

由$S_{\triangle ABC}=\frac{1}{2}BA\cdot BC\cdot\sin B=\frac{1}{2}AD\cdot BD$得

$$2\times3\times\sin 60°=\sqrt{7}\times BD$$

所以$BD=\frac{3\sqrt{21}}{7}$

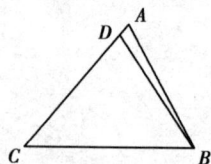

【例4】 已知$\triangle ABC$中,$\sin A=\sin B\cos C$.

(1)求B;

(2)若$AB=8$,$BC=4$,M为AB边的中点,求$\cos\angle ACM$.

解:(1)由三角形内角和定理及两角和的正弦公式得

$$\sin A=\sin[\pi-(B+C)]=\sin(B+C)=\sin B\cos C+\cos B\sin C=\sin B\cos C$$

$$\cos B\sin C=0$$

在$\triangle ABC$中,$\sin C\neq0$,所以$\cos B=0$,$B=90°$

(2)如右图所示,在$\mathrm{Rt}\triangle ABC$中,由勾股定理得

$$AC=\sqrt{AB^2+BC^2}=\sqrt{8^2+4^2}=4\sqrt{5}$$

在$\mathrm{Rt}\triangle MBC$中,由勾股定理得

$$MC=\sqrt{MB^2+BC^2}=\sqrt{4^2+4^2}=4\sqrt{2}$$

在$\triangle AMC$中,由余弦定理得

$$\cos\angle AMC=\frac{AC^2+MC^2-AM^2}{2AC\cdot MC}=\frac{(4\sqrt{5})^2+(4\sqrt{2})^2-4^2}{2\times4\sqrt{5}\times4\sqrt{2}}=\frac{3\sqrt{10}}{10}$$

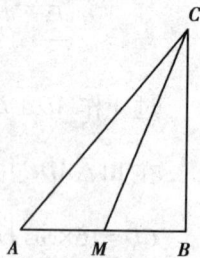

✎ 练习

1.在$\triangle ABC$中,$a=\sqrt{2}$,$c=2$,$A=30°$,则$B=($ 　　$)$.

　A.15° 　　　　　　　　　　　　　B.15°或105°

　C.45° 　　　　　　　　　　　　　D.45°或135°

2.在 $\triangle ABC$ 中，$a=3\sqrt{3}$，$b=2$，$C=150°$，则 $c=$（　　）．

A.49　　　　　　　B.7　　　　　　　C.13　　　　　　　D.$\sqrt{13}$

3.在 $\triangle ABC$ 中，$a=3$，$b=\sqrt{7}$，$c=2$，则 $B=$（　　）．

A.$\dfrac{\pi}{6}$　　　　B.$\dfrac{\pi}{4}$　　　　C.$\dfrac{\pi}{3}$　　　　D.$\dfrac{2\pi}{3}$

4.已知锐角 $\triangle ABC$ 的边长 $AB=10$，$BC=8$，面积 $S=32$，求 AC 的长．

5.在 $\triangle ABC$ 中，已知 $\angle A=60°$，且 $BC=\sqrt{2}AB$，求 $\sin C$．

6.已知 $\triangle ABC$ 中，$\angle BAC=60°$，边长 $AB=5$，$AC=6$，

（1）求 BC 边的长；　　　　　　　　（2）求 $\overrightarrow{AB}\cdot\overrightarrow{AC}$ 的值．

7.在平行四边形 $ABCD$ 中，$AB=7$，$BC=9$，$BD=8$，求 AC 的长度．

自测题

1.选择题

（1）$\triangle ABC$ 中，已知 $a=5\sqrt{2}$，$c=10$，$A=30°$，则 B 等于（　　）．

A.105°　　　　B.60°　　　　C.15°　　　　D.105°或15°

（2）在 $\triangle ABC$ 中，若 $\sin A>\sin B$，则有（　　）．

A.$a>b$　　　　　　　　B.$a\geq b$

C.$a<b$　　　　　　　　D.a,b 的大小关系无法确定

（3）在 $\triangle ABC$ 中，$a^2+b^2-c^2=ab$，则 C 为（　　）．

A.60°　　　　　　　　B.45° 或 135°

C.90°　　　　　　　　D.120°

（4）在 $\triangle ABC$ 中，$AB=3$，$BC=\sqrt{13}$，$AC=4$，则边 AC 上的高为（　　）．

A.$\dfrac{3\sqrt{2}}{2}$　　　B.$\dfrac{3\sqrt{3}}{2}$　　　C.$\dfrac{3}{2}$　　　D.$3\sqrt{3}$

（5）在 $\triangle ABC$ 中，若 $\sin A:\sin B:\sin C=3:2:4$，则 $\cos C$ 的值为（　　）．

A.$-\dfrac{1}{4}$　　　B.$\dfrac{1}{4}$　　　C.$-\dfrac{2}{3}$　　　D.$\dfrac{2}{3}$

（6）在 200 m 高的山顶上，测得山下一塔的塔顶和塔底的俯角分别为 30°和 60°，则塔高为（　　）．

$\text{A.}\dfrac{400}{3}\text{ m}$　　　　　$\text{B.}\dfrac{400\sqrt{3}}{3}\text{ m}$　　　　　$\text{C.}\dfrac{200\sqrt{3}}{3}\text{ m}$　　　　　$\text{D.}\dfrac{200}{3}\text{ m}$

（7）已知 $\triangle ABC$ 中，$\sin A=\dfrac{1}{3}$，$A+B=30°$，$BC=4$，则 $AB=$（　　）.

A.24　　　　　　　B.12　　　　　　　C.3　　　　　　　D.6

（8）在 $\triangle ABC$ 中，$a=6$，$B=120°$，$A=45°$，则 $b=$（　　）.

$\text{A.}3\sqrt{6}$　　　　　$\text{B.}6\sqrt{3}$　　　　　C.3　　　　　　　D.6

（9）在 $\triangle ABC$ 中，$\angle A$，$\angle B$ 都是锐角，且 $\sin A=\dfrac{1}{2}$，$\cos B=\dfrac{\sqrt{3}}{2}$，则 $\triangle ABC$ 的形状为（　　）.

A.直角三角形　　　　　　　　　　　B.钝角三角形

C.锐角三角形　　　　　　　　　　　D.不能确定

（10）在 $\triangle ABC$ 中，$AD\perp BC$，且 $BD:DC:AD=2:3:6$，则 $\angle BAC$ 的度数为（　　）.

A.90°　　　　　　　B.60°　　　　　　　C.75°　　　　　　　D.45°

（11）在 $\triangle ABC$ 中，$c=\sqrt{2}$，$b=4$，$A=45°$，则 $\cos B=$（　　）.

$\text{A.}\dfrac{3\sqrt{10}}{10}$　　　　　$\text{B.}-\dfrac{3\sqrt{10}}{10}$　　　　　$\text{C.}\dfrac{\sqrt{5}}{5}$　　　　　$\text{D.}-\dfrac{\sqrt{5}}{5}$

（12）在 $\triangle ABC$ 中，若 $A:B:C=3:4:5$，则 $a:b:c$ 的值为（　　）.

A.3:4:5　　　　　　　　　　　　　B.5:4:3

$\text{C.}2:\sqrt{6}:(1+\sqrt{3})$　　　　　　　　$\text{D.}(1+\sqrt{3}):\sqrt{6}:2$

（13）在 $\triangle ABC$ 中，$a=6$，$c=10$，$C=90°$，则 AB 边上的高等于（　　）.

A.4.8　　　　　　　B.48　　　　　　　C.2.4　　　　　　　D.24

（14）在 $\triangle ABC$ 中，若 $a:b:c=2:3:4$，则有（　　）.

$\text{A.}\cos A<\cos B<\cos C$　　　　　　$\text{B.}\cos A>\cos B>\cos C$

$\text{C.}\cos B<\cos A<\cos C$　　　　　　$\text{D.}\cos B>\cos A>\cos C$

（15）在 $\triangle ABC$ 中，$a=\sqrt{3}+1$，$b=2$，$c=\sqrt{2}$，$b=4$，则 $A=$（　　）.

A.60°　　　　　　　B.75°　　　　　　　C.90°　　　　　　　D.105°

（16）在 $\triangle ABC$ 中，$b=6$，$c=4$，$\cos A=\dfrac{1}{3}$，则 a 的值满足（　　）.

A.$a<c$　　　　　　B.$a=c$　　　　　　c.$c<a<b$　　　　　　D.$a=b$

（17）在 $\triangle ABC$ 中，$a=9$，$b=10$，$c=12$，则三角形是（　　）.

A.直角三角形　　　　　　　　　　　B.锐角三角形

C.钝角三角形　　　　　　　　　　　D.无法确定

2.填空题

（1）在 $\triangle ABC$ 中，如果 $a>b$，并且 $a+b=3c$，那么角 _____ 是直角.

（2）在 $\triangle ABC$ 中，$a=50$，$B=30°$，$C=120°$，则 BC 边上的高是 _____ .

（3）在 $\triangle ABC$ 中，$b=2$，$B=30°$，$C=135°$，则 a 等于 _____ .

（4）在 $\triangle ABC$ 中，$a^2=b^2+bc+c^2$，那么 $A=$ _____ .

3.解答题

(1)在△ABC中,∠BAC=150°,AB=2,BC=2√7,求 AC.

(2)在等腰△ABC中,a=b=2,A=30°,求 c,B,C 和△ABC 的面积.

(3)在等腰△ABC中,AB=AC=3,cos A=$\frac{1}{9}$,求 BC 和△ABC 的面积.

(4)水利部门为加强防汛工作,决定对某水库大坝进行加固,大坝的横截面是梯形 ABCD.如图所示,已知迎水坡面 AB 的长为 16 米,∠B=60°,背水坡面 CD 的长为 16√3 米,加固后大坝的横截面积为梯形 ABED,CE 长为 8 米,求:
　①已知需加固的大坝长为 150 米,求需要填土石方多少立方米?
　②求加固后的大坝背水坡面 DE 的坡度.

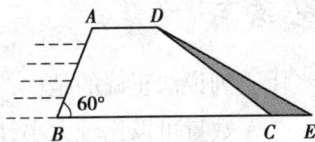

第3部分 平面解析几何

第13章 平面向量

13.1 有向线段及其有关概念

知识点

向量的概念及运算.

例题分析

【例】 计算:$(1)(2\vec{a}-3\vec{b})+(\vec{a}+2\vec{b})$;$(2)(-5\vec{a}+2\vec{b})-3(\vec{a}-2\vec{b})$.

解:(1)原式$=2\vec{a}-3\vec{b}+\vec{a}+2\vec{b}=3\vec{a}-\vec{b}$

(2)原式$=-5\vec{a}+2\vec{b}-3\vec{a}+6\vec{b}=-8\vec{a}+8\vec{b}$

练习

1.下列说法正确的是( ).

 A.数量可以比较大小,向量也可以比较大小

 B.方向不同的向量不能比较大小,但同向的向量可以比较大小

 C.向量的大小与方向有关

 D.向量的模可以比较大小

2.计算:$(1)(\vec{a}-\vec{b})+2(-\vec{a}-\vec{b})$; $(2)(-3\vec{a}+\vec{b})-2(\vec{b}-4\vec{a})$.

13.2　平面向量的三角形法则

知识点

向量的三角形法则及应用.

例题分析

【例 1】　$\overrightarrow{AB}+\overrightarrow{BC}+\overrightarrow{CA}=$（　　）.

　　　　A.0　　　　　　B.$\overrightarrow{AC}$　　　　　　C.$\overrightarrow{BA}$　　　　　　D.$\overrightarrow{AB}$

解：由向量的三角形法则可得，

　　原式 $=\overrightarrow{AC}+\overrightarrow{CA}=\overrightarrow{AC}+(-\overrightarrow{AC})=0$.选 A.

【例 2】　已知 D 是 $\triangle ABC$ 的边 AB 上的中点，则向量 $|\overrightarrow{CD}|=$（　　）.

　　　　A.$-\overrightarrow{BC}+\dfrac{1}{2}\overrightarrow{BA}$　　　　　　　　　B.$-\overrightarrow{BC}-\dfrac{1}{2}\overrightarrow{BA}$

　　　　C.$\overrightarrow{BC}-\dfrac{1}{2}\overrightarrow{BA}$　　　　　　　　　D.$\overrightarrow{BC}+\dfrac{1}{2}\overrightarrow{BA}$

解：由向量的三角形法则可得 $|\overrightarrow{CD}|=\overrightarrow{CB}+\overrightarrow{BD}=-\overrightarrow{BC}+\dfrac{1}{2}\overrightarrow{BA}$.选 A.

练 习

向量 $\overrightarrow{AB}+\overrightarrow{BA}=$（　　）.

A.0　　　　　　　　　B.$-\overrightarrow{AB}$　　　　　　　　C.$\overrightarrow{BA}$　　　　　　　　D.$\overrightarrow{AB}$

13.3　平面向量的内积公式

知识点

向量的内积公式及应用.

例题分析

【例 1】　已知 $|\vec{a}|=3$，$|\vec{b}|=2$，$\vec{a}\cdot\vec{b}=-3\sqrt{3}$，求 $<\vec{a},\vec{b}>$.

解：由 $\vec{a}\cdot\vec{b}=|\vec{a}|\cdot|\vec{b}|\cos<\vec{a},\vec{b}>$可得，

　　$\cos<\vec{a},\vec{b}>=\dfrac{\vec{a}\cdot\vec{b}}{|\vec{a}|\cdot|\vec{b}|}=\dfrac{-3\sqrt{3}}{3\times2}=-\dfrac{\sqrt{3}}{2}$，由于 $<\vec{a},\vec{b}>\in[0,\pi)$

于是，$<\vec{a},\vec{b}>=\dfrac{5\pi}{6}$.

【例2】 已知 $|\vec{a}|=8$，$|\vec{b}|=6$，$<\vec{a},\vec{b}>=60°$，求 $(\vec{a}+\vec{b})\cdot(\vec{a}-2\vec{b})$.

解：$(\vec{a}+\vec{b})\cdot(\vec{a}-2\vec{b})=\vec{a}\cdot\vec{a}-2\vec{a}\cdot\vec{b}+\vec{a}\cdot\vec{b}-2\vec{b}\cdot\vec{b}$

$\qquad\qquad = |\vec{a}|^2-|\vec{a}|\cdot|\vec{b}|\cdot\cos<\vec{a},\vec{b}>-2|\vec{b}|^2$

$\qquad\qquad = 8^2-8\times6\times\dfrac{1}{2}-2\times6^2$

$\qquad\qquad = -32$

练 习

1. 已知 $\vec{a}\cdot\vec{b}=3\sqrt{3}$，$|\vec{a}|=3$，$|\vec{b}|=2$，则 $<\vec{a},\vec{b}>$ 的值为(   ).

　　A. $\dfrac{5\pi}{6}$　　　　　　　B. $-\dfrac{\pi}{6}$　　　　　　　C. $\dfrac{\pi}{3}$　　　　　　　D. $\dfrac{\pi}{6}$

2. 已知向量 $\vec{a}$，$\vec{b}$ 满足 $|\vec{a}|=3$，$|\vec{b}|=4$，且 $\vec{a}$ 和 $\vec{b}$ 的夹角为 $\dfrac{\pi}{3}$，则 $\vec{a}\cdot\vec{b}=$(   ).

　　A. $6\sqrt{3}$　　　　　　　B. $-6\sqrt{3}$　　　　　　　C. 6　　　　　　　D. -6

3. 若 $|\vec{a}|=3$，$|\vec{b}|=4$，$(\vec{a}+m\vec{b})\perp(\vec{a}-m\vec{b})$，则 $m=$(   ).

　　A. $\dfrac{4}{3}$ 或 $\dfrac{3}{4}$　　　　　　　　　　　　　　B. $\dfrac{3}{4}$ 或 $-\dfrac{3}{4}$

　　C. $-\dfrac{3}{4}$ 或 $\dfrac{4}{3}$　　　　　　　　　　　　　　D. $-\dfrac{3}{4}$ 或 $-\dfrac{4}{3}$

4. 已知向量 $\vec{a}$，$\vec{b}$ 满足 $|\vec{a}|=4$，$|\vec{b}|=3$，且 $\vec{a}\cdot\vec{b}=6\sqrt{3}$，则 $\cos<\vec{a},\vec{b}>=$(   ).

　　A. $\dfrac{1}{2}$　　　　　　　B. $\dfrac{\sqrt{3}}{2}$　　　　　　　C. $-\dfrac{1}{2}$　　　　　　　D. 1

13.4　平面向量的直角坐标及运算

知识点

向量的平面直角坐标运算.

例题分析

【例1】 若向量 $\vec{a}=(x+3,x^2-3x-4)$ 与 $\overrightarrow{AB}$ 相等，已知 $A(1,2)$ 和 $B(3,2)$，则 x 的值为(   ).

　　A. -1　　　　　　B. -1 或 4　　　　　　C. 4　　　　　　D. 1 或 -4

解：由 $A(1,2)$ 和 $B(3,2)$ 可得 $|\overrightarrow{AB}|=(2,0)$

　　又因为 $\vec{a}=\overrightarrow{AB}$，所以它们的坐标一定相同，于是

$$\begin{cases} x+3=2 \\ x^2-3x-4=0 \end{cases} \Rightarrow x=-1. \text{选 A.}$$

【例2】 已知平行四边形 3 个顶点的坐标为 $A(3,-2),B(5,2),C(-1,4)$,则第四个顶点的坐标是(   ).

    A.$(-3,0)$或$(9,-4)$ B.$(9,-4)$或$(1,8)$

    C.$(-3,0)$或$(1,8)$ D.$(-3,0)$或$(9,-4)$或$(1,8)$

解:如右图所示,设第四个顶点为 $D(x,y)$,根据题意可知

(1)由 $\overrightarrow{AB}=\overrightarrow{DC}$ 可得 $(2,4)=(-1-x,4-y)$,则 $x=-3,y=0$

(2)由 $\overrightarrow{CA}=\overrightarrow{DB}$ 可得 $(-4,6)=(5-x,2-y)$,则 $x=9,y=-4$

(3)由 $\overrightarrow{AB}=\overrightarrow{CD}$ 可得 $(2,4)=(x+1,y-4)$,则 $x=1,y=8$

所以,第四个顶点的坐标为 $(-3,0)$或$(9,-4)$或$(1,8)$.

选 D.

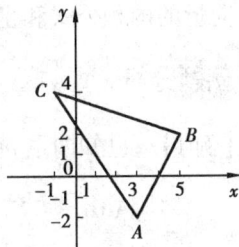

【例3】 若向量 $\vec{a}=(1,2)$ 与 $\vec{b}=(3,x)$ 平行,则 $x=($ $)$.

    A.3   B.-6 C.6   D.-3

解:由 $\vec{a}/\!/\vec{b}$ 可得 $1\times x-2\times3=0$,即 $x=6$.选 C.

【例4】 若平面向量 $\vec{a}=(3,x),\vec{b}=(4,-3)$ 且 $\vec{a}\perp\vec{b}$,则 x 的值等于(   ).

    A.1   B.2   C.3   D.4

解:由 $\vec{a}\perp\vec{b}$ 可得 $3\times4+(-3)\times x=0$,即 $x=4$.选 D.

练习

1.已知平面向量 $\vec{a}=(1,1),\vec{b}=(1,-1)$,则两向量的夹角为(   ).

    A.$\dfrac{\pi}{6}$ B.$\dfrac{\pi}{4}$ C.$\dfrac{\pi}{3}$ D.$\dfrac{\pi}{2}$

2.已知向量 $\vec{a}=(2,4),\vec{b}=(m,-1)$,且 $\vec{a}\perp\vec{b}$,则实数 m 等于(   ).

    A.2   B.1   C.-1 D.-2

3.若向量 $\vec{a}=(x,2),\vec{b}=(-2,3)$,且 $\vec{a}/\!/\vec{b}$,那么 $x=($ $)$.

    A.2   B.$\dfrac{2}{3}$ C.$-\dfrac{4}{3}$ D.$\dfrac{4}{3}$

4.已知平面向量 $\overrightarrow{AB}=(2,-4),\overrightarrow{AC}=(-1,2)$,则 $\overrightarrow{BC}=($ $)$.

    A.$(3,-6)$ B.$(1,-2)$ C.$(-3,6)$ D.$(-2,-8)$

5.如果向量 $\vec{a}=(3,-2),\vec{b}=(-1,2)$,则 $(2\vec{a}+\vec{b})\cdot(\vec{a}-\vec{b})=($ $)$.

    A.28   B.20   C.24   D.10

6.已知平行四边形 3 个顶点的坐标为 $(-1,0),(3,0),(1,-5)$,则第四个顶点的坐标是(   ).

    A.$(1,5)$或$(5,5)$ B.$(1,5)$或$(-3,-5)$

    C.$(5,-5)$或$(-3,-5)$ D.$(1,5)$或$(5,-5)$或$(-3,-5)$

13.5　空间向量

知识点

向量的内积公式和坐标运算.

例题分析

【例1】 已知向量 $\vec{m}=(8,3,a)$, $\vec{n}=(2b,6,5)$, 若 $\vec{m}\parallel\vec{n}$, 则 $a+b$ 的值为(　　).

　　　　A.0　　　　　　B.3　　　　　　C.$\dfrac{21}{2}$　　　　　　D.8

解:由 $\vec{m}\parallel\vec{n}$ 可得, $\dfrac{8}{2b}=\dfrac{3}{6}=\dfrac{a}{5}$, 即 $a=\dfrac{5}{2}$, $b=8$

　　　所以 $a+b=\dfrac{5}{2}+8=\dfrac{21}{2}$. 选 C.

【例2】 已知向量 $\vec{a}=(1,5,-2)$, $\vec{b}=(m,2,m+2)$ 且 $\vec{a}\perp\vec{b}$, 则 m 的值为(　　).

　　　　A.0　　　　　　B.6　　　　　　C.-6　　　　　　D.±6

解:由 $\vec{a}\perp\vec{b}$ 可得, $1\times m+5\times2+(-2)\times(m+2)=0$, 即 $m=6$. 选 B.

【例3】 在三角形 $\triangle ABC$ 中, 已知 $\overrightarrow{AB}=(2,4,0)$, $\overrightarrow{BC}=(-1,3,0)$, 那么 $\angle ABC=$(　　).

　　　　A.45°　　　　　B.60°　　　　　C.135°　　　　　D.105°

解:由 $\overrightarrow{BA}\cdot\overrightarrow{BC}=|\overrightarrow{BA}|\cdot|\overrightarrow{BC}|\cdot\cos<\overrightarrow{BA},\overrightarrow{BC}>$ 可得

$$\cos<\overrightarrow{BA},\overrightarrow{BC}>=\frac{\overrightarrow{BA}\cdot\overrightarrow{BC}}{|\overrightarrow{BA}|\cdot|\overrightarrow{BC}|}=\frac{-2\times(-1)+(-4)\times3+0\times0}{\sqrt{(-2)^2+(-4)^2+0^2}\times\sqrt{(-1)^2+3^2+0^2}}=-\frac{\sqrt{2}}{2}$$

　　　即 $\angle ABC=135°$. 选 C.

练习

1.若向量 $\vec{a}=(2,1,-2)$, $\vec{b}=(-1,2,2)$, 则 $\cos<\vec{a},\vec{b}>=$(　　).

　　A.$-\dfrac{1}{2}$　　　　　　B.$\dfrac{2}{3}$　　　　　　C.$\dfrac{4}{9}$　　　　　　D.$-\dfrac{4}{9}$

2.若 $\vec{a}=(1,\lambda,2)$, $\vec{b}=(2,-1,1)$, 且 $\vec{a}$ 与 $\vec{b}$ 的夹角为60°, 则 λ 的值为(　　).

　　A.17 或-1　　　　　　　　　　　B.-17 或 1

　　C.-1　　　　　　　　　　　　　D.1

3.若 $A(1,1,-2)$, $B(1,1,1)$, 那么线段 AB 的长度是(　　).

　　A.1　　　　　　B.2　　　　　　C.3　　　　　　D.4

4.已知 $A(2,-5,1)$, $B(2,-2,4)$, $C(1,-4,1)$, 则向量 $\overrightarrow{AC}$ 与 $\overrightarrow{BC}$ 的夹角为(　　).

　　A.30°　　　　　　B.45°　　　　　　C.60°　　　　　　D.90°

5.已知 $\vec{a}=(2x,1,3)$，$\vec{b}=(1,-2y,9)$，且 $\vec{a}$ 与 $\vec{b}$ 为共线向量，那么（　　）.

    A.$x=1,y=1$　　　　　　　　　　　　　B.$x=\dfrac{1}{2},y=\dfrac{1}{2}$

    C.$x=\dfrac{1}{6},y=-\dfrac{3}{2}$　　　　　　　　　D.$x=-1,y=-1$

6.若 $\vec{a}=(1,-1,2)$，$\vec{b}=(3,4,5)$，则 $\vec{a}\cdot\vec{b}=$（　　）.

    A.0　　　　　　　B.8　　　　　　　　C.-9　　　　　　　　D.9

自测题

1.选择题

（1）若向量 $\vec{a}=(-2,3)$，$\vec{b}=(1,5)$，则 $3\vec{a}+\vec{b}=$（　　）.

    A.$(5,14)$　　　　B.$(-5,14)$　　　　C.$(7,4)$　　　　　D.$(5,9)$

（2）设 O 为等边三角形 ABC 的中心，则向量 $\overrightarrow{AO},\overrightarrow{OB},\overrightarrow{OC}$ 是（　　）.

    A.有相同起点的向量　　　　　　　　B.平行向量

    C.模相等的向量　　　　　　　　　　D.相等向量

（3）已知向量 $\vec{a}=(3,4)$，且向量 $\vec{b}$ 与 $\vec{a}$ 方向相反，并且 $|\vec{b}|=10$，那么向量 $\vec{b}$ 等于（　　）.

    A.$(6,8)$　　　　B.$(-6,-8)$　　　　C.$(8,6)$　　　　D.$(-8,-6)$

（4）若 $\vec{a}\cdot\vec{b}<0$，则 $\vec{a}$ 与 $\vec{b}$ 的夹角 θ 的范围是（　　）.

    A.$\left(0,\dfrac{\pi}{2}\right)$　　　　B.$\left[\dfrac{\pi}{2},\pi\right)$　　　　C.$\left(\dfrac{\pi}{2},\pi\right)$　　　　D.$\left(\dfrac{\pi}{2},\pi\right]$

（5）已知平面向量 $\vec{a}=(1,-3)$，$\vec{b}=(4,-2)$，$\lambda\vec{a}+\vec{b}$ 与 $\vec{a}$ 垂直，则 $\lambda=$（　　）.

    A.-1　　　　　　B.1　　　　　　　C.2　　　　　　　D.-2

（6）若 $\vec{a}\cdot\vec{b}=-5\sqrt{3}$，$|\vec{a}|=5$，$|\vec{b}|=2$，则 $<\vec{a},\vec{b}>$ 的值为（　　）.

    A.$\dfrac{\pi}{3}$　　　　B.$\dfrac{2\pi}{3}$　　　　C.$\dfrac{3\pi}{4}$　　　　D.$\dfrac{5\pi}{6}$

（7）若 $|\vec{a}|=6$，$|\vec{b}|=4$，$<\vec{a},\vec{b}>=60°$，则 $(\vec{a}+2\vec{b})\cdot(\vec{a}-3\vec{b})=$（　　）.

    A.-72　　　　　B.-70　　　　　C.-68　　　　　D.-66

（8）若 $|\vec{a}|=5$，$\vec{b}=(3,\sqrt{7})$，$<\vec{a},\vec{b}>=120°$，那么 $\vec{a}\cdot\vec{b}=$（　　）.

    A.-8　　　　　　B.-9　　　　　　C.-10　　　　　D.-11

（9）在平行四边形 $ABCD$ 中，AC 为一条对角线，若 $\overrightarrow{AB}=(2,4)$，$\overrightarrow{AC}=(1,3)$，那么 $\overrightarrow{BD}=$（　　）.

    A.$(-2,-4)$　　　B.$(-3,-5)$　　　C.$(3,5)$　　　　D.$(2,4)$

（10）已知平面向量 $\vec{a}=(1,2)$，$\vec{b}=(-2,m)$，且 $\vec{a}\parallel\vec{b}$，则 $2\vec{a}+3\vec{b}=$（　　）.

    A.$(-5,10)$　　　　　　　　　　　　B.$(-4,-8)$

    C.$(-3,-6)$　　　　　　　　　　　　D.$(-2,-4)$

（11）在三角形 ABC 中，$\overrightarrow{AB}=\vec{c}$，$\overrightarrow{AC}=\vec{b}$，若点 D 满足 $\overrightarrow{BD}=2\overrightarrow{DC}$，则 $\overrightarrow{AD}=$（　　）．

A. $\dfrac{2}{3}\vec{b}+\dfrac{1}{3}\vec{c}$　　　　　　　　　　B. $\dfrac{5}{3}\vec{c}-\dfrac{2}{3}\vec{b}$

C. $\dfrac{2}{3}\vec{b}-\dfrac{1}{3}\vec{c}$　　　　　　　　　　D. $\dfrac{1}{3}\vec{b}+\dfrac{2}{3}\vec{c}$

（12）设 P 是三角形 ABC 所在平面内的一点，$\overrightarrow{BC}+\overrightarrow{BA}=2\overrightarrow{BP}$，则下列式子正确的是（　　）．

A. $\overrightarrow{PA}+\overrightarrow{PB}=0$　　　　　　　　　　B. $\overrightarrow{PC}+\overrightarrow{PA}=0$

C. $\overrightarrow{PB}+\overrightarrow{PC}=0$　　　　　　　　　　D. $\overrightarrow{PA}+\overrightarrow{PB}+\overrightarrow{PC}=0$

（13）已知 $A(-1,-2,6)$，$B(1,2,-6)$，O 为坐标原点，则向量 $\overrightarrow{OA}$ 与 $\overrightarrow{OB}$ 的夹角是（　　）．

A. 0　　　　　B. $\dfrac{\pi}{2}$　　　　　C. $\dfrac{3\pi}{2}$　　　　　D. π

（14）与向量 $\vec{a}=(1,-3,2)$ 平行的一个向量的坐标是（　　）．

A. $\left(\dfrac{1}{3},1,1\right)$　　　　　　　　　　B. $(-1,-3,2)$

C. $\left(-\dfrac{1}{2},\dfrac{3}{2},-1\right)$　　　　　　　　　D. $(\sqrt{2},-3,-2\sqrt{2})$

（15）若向量 $\vec{a}=(1,1)$，$\vec{b}=(2,5)$，$\vec{c}=(3,x)$，满足条件 $(8\vec{a}-\vec{b})\cdot\vec{c}=30$，则 $x=$（　　）．

A. 6　　　　　　B. 5　　　　　　C. 4　　　　　　D. 3

（16）已知向量 $\vec{a}=(4,3)$，向量 $\vec{b}$ 与 $\vec{a}$ 方向相反，并且 $|\vec{b}|=10$，则 $\vec{b}$ 等于（　　）．

A. $(-6,-8)$　　　B. $(6,8)$　　　C. $(8,6)$　　　D. $(-8,-6)$

（17）若向量 $\vec{a}=(3,1,-2)$，$\vec{b}=(-1,0,3)$，则 $\cos<\vec{a},\vec{b}>=$（　　）．

A. $\dfrac{2}{3}$　　　　B. $-\dfrac{9\sqrt{35}}{70}$　　　　C. $\dfrac{4}{9}$　　　　D. $\dfrac{9\sqrt{35}}{70}$

2.填空题

（1）已知 $\vec{a}=(2,1)$，$\vec{b}=(6,y)$，且 $\vec{a}/\!/\vec{b}$，则 $y=$＿＿＿＿＿＿．

（2）已知点 $A(5,0)$，$B(2,1)$，$C(4,7)$，则 $\triangle ABC$ 的形状是＿＿＿＿＿＿；

（3）已知向量 $\vec{a}=(2,-3,0)$，$\vec{b}=(k,0,3)$，若向量 $\vec{a}$ 与 $\vec{b}$ 成 $120°$ 的角，则 $k=$＿＿＿＿＿＿；

（4）若 $|\vec{a}|=6$，$|\vec{b}|=8$，且 $\vec{a}$ 与 $\vec{b}$ 的夹角为 $150°$，则 $\vec{a}\cdot\vec{b}=$＿＿＿＿＿＿．

3.解答题

（1）已知 $|\vec{a}|=6$，$|\vec{b}|=4$，$\vec{a}$ 与 $\vec{b}$ 的夹角为 $60°$，求 $(2\vec{a}+\vec{b})\cdot(\vec{a}-3\vec{b})$

(2)已知 $\vec{a}=(1,3)$，$\vec{b}=(3,0)$ 求下列各角的余弦：

① $<\vec{a}+\vec{b},\vec{a}>$；

② $<\vec{a}+\vec{b},\vec{a}-\vec{b}>$.

(3)已知 $\vec{a}=(0,1)$，$\vec{b}=(1,1)$，且 $\vec{b}+k\vec{a}$ 与 $\vec{a}$ 垂直，求 k 的值？

(4)如右图所示，在正方体 $ABCD$-$A_1B_1C_1D_1$ 中，M，N 是棱 A_1B_1，B_1B 的中点，求异面直线 AM 和 CN 所成角的余弦值.

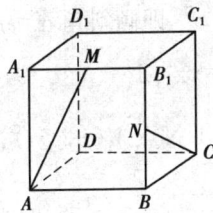

第 14 章　平面直线

14.1　平面上直线的概念

知识点

直线的倾斜角和斜率.

例题分析

【例】　直线 $y=\sqrt{3}x+2$ 的倾斜角的度数为(　　　).

　　　A.30°　　　　　　　B.60°　　　　　　　C.45°　　　　　　　D.90°

解：由 $y=\sqrt{3}x+2$ 可得 $k=\sqrt{3}$，又因为 $k=\tan\alpha,\alpha\in[0°,180°)$ 所以 $\tan\alpha=\sqrt{3}$

　　即倾斜角 $\alpha=\arctan\sqrt{3}=60°$.选 B.

练习

1.过点 $M(-2,m),N(m,4)$ 的直线的倾斜角为 90°,则 m 的值为(　　　).

　A.-2　　　　　　　B.4　　　　　　　C.2　　　　　　　-4

2.已知一条直线过点 $(3,-2)$ 与 $(-1,-2)$,则这条直线的倾斜角是(　　　).

　A.0°　　　　　　　B.45°　　　　　　　C.60°　　　　　　　D.90°

3.直线 $3x+y-2=0$ 的图像经过(　　　).

　A.第一、二、四象限　　　　　　　　　　B.第一、二、三象限

　C.第二、三、四象限　　　　　　　　　　D.第一、三、四象限

14.2　平面上直线的方程

知识点

直线方程的 5 种形式.

例题分析

【例 1】　过 $(3,-3)$ 和 $(-1,2)$ 两点的直线方程为(　　　).

　　A.$\dfrac{y-(-3)}{2-(-3)}=\dfrac{x-3}{-1-3}$　　　　　　　　　　B.$\dfrac{y-3}{2-3}=\dfrac{x-3}{x-1}$

C. $\dfrac{x-2}{-1-2}=\dfrac{y+3}{6}$　　　　　　　　　D. $\dfrac{y-2}{x-3}=\dfrac{-1}{2}$

解：由两点式方程可得 $\dfrac{y-(-3)}{2-(-3)}=\dfrac{x-3}{-1-3}$．选 A.

【例 2】　若直线的横截距 a 是 2，纵截距 b 是 3，则直线方程是(　　　)．

　　A. $3x-2y=6$　　　　　　　　　　B. $3x+2y=6$

　　C. $3x-2y=0$　　　　　　　　　　D. $3x+2y=0$

解：由直线的截距式方程得到 $\dfrac{x}{2}+\dfrac{y}{3}=1 \Rightarrow 3x+2y-6=0$．选 A.

【例 3】　一条直线在 y 轴上的截距是 -7，倾斜角是 $\dfrac{3\pi}{4}$，则直线方程是(　　　)．

　　　　A. $x+y+7=0$　　　　　　　　B. $x+y-7=0$

　　　　C. $x-y+7=0$　　　　　　　　D. $x-y-7=0$

解：由 $k=\tan \alpha$ 可得，斜率 $k=-1$

　　根据直线的斜截式方程得到 $y=(-1)x+(-7)$，即 $x+y+7=0$．选 A.

练习

1.过点 $(2,1)$ 且与直线 $y=x$ 平行的直线方程为(　　　)．

　A. $y=x+2$　　　　　B. $y=x-1$　　　　　C. $y=-x+3$　　　　　D. $y=-x+2$

2.已知点 $A(1,1)$ $B(2,1)$ $C(-2,3)$，则过点 A 及线段 BC 的中点的直线方程为(　　　)．

　A. $x+y-2=0$　　　　B. $x+y+2=0$　　　　C. $x-y=0$　　　　D. $x-y+2=0$

3.设一次函数的图像过点 $(1,1)$ 和 $(-2,-5)$，则该函数的解析式为(　　　)．

　A. $y=\dfrac{1}{3}x-1$　　　　　　　　　　　　B. $y=x+2$

　C. $y=2x-1$　　　　　　　　　　　　D. $y=\dfrac{1}{3}x+\dfrac{1}{3}$

14.3　平面上两直线间的关系

知识点

两点间的距离公式；点到直线的距离；两直线平行与垂直；两直线的交点和夹角．

例题分析

【例 1】　点 $(2,4)$ 到直线 $y=-\sqrt{3}x+6$ 的距离是(　　　)．

　　　　A. $\sqrt{3}-1$　　　　　B. $\sqrt{3}+1$　　　　　C. $1+\dfrac{\sqrt{3}}{3}$　　　　　D. $1-\dfrac{\sqrt{3}}{3}$

解：由点到直线的距离公式可得

$$d = \frac{|Ax_0 + By_0 + C|}{\sqrt{x_0^2 + y_0^2}} = \frac{|-2\sqrt{3} - 4 + 6|}{2} = \sqrt{3} - 1$$

选 A.

【例2】 直线 $2x+5y-3=0$ 与直线 $x-2y+3=0$ 的交点是(　　).

        A.$(1,-1)$ B.$(-1,2)$ C.$(1,1)$ D.$(-1,1)$

解: 因为交点同时在两条直线上,交点坐标一定是两个方程的公共解,

    由 $\begin{cases} 2x+5y-3=0 \\ x-2y+3=0 \end{cases}$ 解得, $x=-1$, $y=1$. 选 D.

【例3】 直线 $x+3y+2=0$ 与 $4x+2y-1=0$ 的夹角是(　　).

        A.$30°$ B.$45°$ C.$\arctan 2$ D.$\arctan 2\sqrt{2}$

解: 由直线方程可得两直线的斜率分别为

$$k_1 = -\frac{1}{3}, \quad k_2 = -2$$

根据夹角公式可知

$$\tan \theta = \left| \frac{k_2 - k_1}{1 + k_1 k_2} \right| = \left| \frac{-2 + \frac{1}{3}}{1 + \frac{2}{3}} \right| = 1, \text{即夹角为} 45°. 选 B.$$

练习

1.已知点 $A(-4,2)$, $B(0,0)$, 则线段的垂直平分线的斜率为(　　).

    A.-2 B.$-\frac{1}{2}$ C.$\frac{1}{2}$ D.2

2.若点 P 为直线 $3x-4y-12=0$ 上的一动点,则点 P 到原点的最小距离为(　　).

    A.$\frac{12}{5}$ B.$\frac{5}{12}$ C.5 D.12

3.点 P 在直线 $3x+y-5=0$ 上,且点 P 到直线 $x-y-1=0$ 的距离为 $\sqrt{2}$,则点 P 的坐标为
(　　).

    A.$(1,2)$ B.$(2,1)$

    C.$(1,2)$ 或 $(2,1)$ D.$(2,1)$ 或 $(-1,2)$

4.点 $A(2,5)$ 关于直线 $x+y=0$ 的对称点的坐标是(　　).

    A.$(5,2)$ B.$(2,-5)$ C.$(-5,-2)$ D.$(-2,-5)$

5.点 $M(1,2)$ 到直线 $y=2x+1$ 的距离为(　　).

    A.$\frac{1}{5}$ B.$\frac{\sqrt{3}}{5}$ C.$\frac{\sqrt{4}}{5}$ D.$\frac{\sqrt{5}}{5}$

6.若直线 $(a^2+4a+3)x+(a^2+a-6)y-6=0$ 与 y 轴垂直,则实数 a 的值是(　　).

    A.-3 或 -1 B.2 或 3 C.-1 D.2

7.直线 $3x+4y-2=0$ 与直线 $2x+y+2=0$ 的夹角是(　　).

    A.$30°$ B.$45°$ C.$\arctan \frac{1}{2}$ D.$\arctan 2$

8.经过两条直线 $x+y=0$ 和 $3x+y-2=0$ 的交点,且平行于 $x-y+1=0$ 的直线方程为(　　).

A.$x+y+2=0$　　　　B.$x+y-2=0$　　　　C.$x-y+2=0$　　　　D.$x-y-2=0$

自测题

1.选择题

(1)若直线 $3x+y=1$ 与 $2mx+4y=-3$ 垂直,则 $m=$ (　　).

A.1　　　　　　B.$\dfrac{2}{3}$　　　　　　C.$-\dfrac{2}{3}$　　　　　　D.-2

(2)直线 $x=1$ 的倾斜角和斜率分别为(　　).

A.$45°$,1　　　　B.$135°$,-1　　　　C.$90°$,不存在　　　　D.$180°$,不存在

(3)点 (a,b) 关于直线 $x+y=0$ 的对称点是(　　).

A.$(a,-b)$　　　　B.$(-b,-a)$　　　　C.$(-a,-b)$　　　　D.$(-b,a)$

(4)平行线 $2x+3y-6=0$ 与 $4x+6y-7=0$ 间的距离是(　　).

A.$\dfrac{\sqrt{13}}{3}$　　　　B.$\dfrac{5\sqrt{13}}{26}$　　　　C.$\dfrac{2\sqrt{13}}{13}$　　　　D.$\dfrac{\sqrt{13}}{26}$

(5)过点 $A(2,b)$ 和点 $B(3,-2)$ 的直线的倾斜角为 $45°$,则 b 的值是(　　).

A.-1　　　　B.1　　　　C.-3　　　　D.3

(6)若直线 $2x-3y+2=0$ 与直线 $mx+2y-2=0$ 垂直,则 $m=$ (　　).

A.-2　　　　B.2　　　　C.-3　　　　D.3

(7)直线 $2x+y+m=0$ 和 $x+2y+n=0$ 的位置关系是(　　).

A.平行　　　　B.垂直　　　　C.相交但不垂直　　　　D.不能确定

(8)过点 $(1,0)$ 且与直线 $x-2y=0$ 平行的直线方程是(　　).

A.$x-2y-1=0$　　　　　　　　B.$x-2y+1=0$

C.$2x+y-2=0$　　　　　　　　D.$x+2y-1=0$

(9)若直线过点 $(\sqrt{3},-3)$ 且倾斜角为 $30°$,则该直线的方程为(　　).

A.$y=\sqrt{3}x-6$　　　　　　　　B.$y=\dfrac{\sqrt{3}}{3}x+4$

C.$\dfrac{\sqrt{3}}{3}x-4$　　　　　　　　D.$y=\dfrac{\sqrt{3}}{3}x+2$

(10)如果直线 $x+by+9=0$ 经过直线 $5x-6y-17=0$ 与直线 $4x+3y+2=0$ 的交点,那么 b 等于(　　).

A.2　　　　B.3　　　　C.4　　　　D.5

(11)直线 $(2m^2-5m+2)x-(m^2-4)y+5m=0$ 的倾斜角是 $45°$,则 m 的值为(　　).

A.2　　　　B.3　　　　C.-3　　　　D.-2

(12)到直线 $2x+y+1=0$ 的距离为 $\dfrac{\sqrt{5}}{5}$ 的点的集合是(　　).

A.直线 $2x+y-2=0$　　　　　　　　B.直线 $2x+y=0$

C.直线 $2x+y=0$ 或 $2x+y+2=0$　　　　D.直线 $2x+y=0$ 或直线 $2x+2y+2=0$

（13）点 $P(-1,2)$ 到直线 $8x-6y+15=0$ 的距离为（　　）.

  A.2   B.$\dfrac{1}{2}$ C.1   D.$\dfrac{7}{2}$

（14）原点到直线 $x+2y-5=0$ 的距离为（　　）.

  A.1   B.$\sqrt{3}$ C.2   D.$\sqrt{5}$

（15）直线 $ax+2y-3=0$ 与直线 $x+y+5=0$ 垂直，则 $a=$（　　）.

  A.1   B.$-\dfrac{1}{3}$ C.$-\dfrac{2}{3}$ D.-2

（16）若 α 是直线 $y=-x+2$ 的倾斜角，则 $\alpha=$（　　）.

  A.$\dfrac{\pi}{4}$ B.$\dfrac{3\pi}{4}$ C.$\dfrac{\pi}{3}$ D.$\dfrac{\pi}{2}$

（17）设直线 $ax+by+c=0$ 的倾斜角为 α，且 $\sin\alpha+\cos\alpha=0$，则 a,b 满足（　　）.

  A.$a+b=1$ B.$a-b=1$

  C.$a+b=0$ D.$a-b=0$

2.填空题

（1）经过点 $(-2,-3)$，在 X 轴、Y 轴上截距相等的直线方程是_____.

（2）点 $A(2,-1)$ 与点 $B(5,3)$ 的距离是_____.

（3）直线方程为 $(3a+2)x+y+8=0$，若直线不过第二象限，则 a 的取值范围是_____.

（4）连接 $A(5,y)$ 和 $B(x,7)$ 的线段的中点是 $P(-2,-4)$，则 $|AB|=$_____.

3.解答题

（1）求直线 $2x+5y-10=0$ 和坐标轴所围成的三角形的面积.

（2）求经过点 $P(3,1)$ 及两条直线 $x-2y+2=0$ 和 $2x-y-2=0$ 的交点 Q 的直线方程.

（3）已知两条直线 $l_1:x+(1+m)y=2-m,l_2:2mx+4y=-16.m$ 为何值时，
①相交；②平行；③垂直.

（4）已知点 $P(2,-1)$，
①求过点 P 与原点距离为 2 的直线 l 的方程；
②求过点 P 与原点距离最大的直线 l 的方程，最大距离是多少？
③是否存在过 P 点与原点距离为 6 的直线？若存在，求该直线方程；若不存在，请说明理由.

第15章　圆锥曲线

15.1　曲线与方程的关系

知识点

曲线与方程.

例题分析

【例】　判定点 $A(2\sqrt{2},1)$ 是否在曲线 $x^2+y^2=9$ 上.

解：将点 $A(2\sqrt{2},1)$ 的坐标代入方程 $x^2+y^2=9$，得 $(2\sqrt{2})^2+(-1)^2=8+1=9$

因为点 A 的坐标满足 $x^2+y^2=9$

所以点 $A(2\sqrt{2},1)$ 在曲线 $x^2+y^2=9$ 上.

练习

1.已知命题"坐标满足方程 $f(x,y)=0$ 的点，都在曲线 C 上"是不正确的，那么下列命题中正确的是(　　　).

　　A.坐标满足方程 $f(x,y)=0$ 的点，都不在曲线 C 上

　　B.曲线上的点的坐标都不满足方程 $f(x,y)=0$

　　C.坐标满足方程 $f(x,y)=0$ 的点，有些在曲线 C 上，有些不在曲线 C 上

　　D.一定有不在曲线 C 上的点，其坐标满足方程 $f(x,y)=0$

2.设曲线 M 的方程为 $(x-3)^2+(y-2)^2=2$，直线 L 的方程为 $x+y-3=0$，点 P 的坐标为 $(2,1)$，那么下列表述正确的是(　　　).

　　A.点 P 在直线 L 上，但不在曲线 M 上

　　B.点 P 在曲线 M 上，但不在直线 L 上

　　C.点 P 既在曲线 M 上，也在直线 L 上

　　D.点 P 既不在曲线 M 上，也不在直线 L 上

3.若 $A(t,-4)$ 在曲线 $x^2-4x-2y-5=0$ 上，则 t 为(　　　).

　　A.2 或 4　　　　　　B.1　　　　　　C.1 或 3　　　　　D.4

4.方程 $x^2-y^2=0$ 表示的图像是(　　　).

　　A.两条平行直线　　　　　　　　　　B.两条重合直线

　　C.两条互相垂直的直线　　　　　　　D.一个点

15.2 圆的定义、标准方程和一般方程

知识点

圆的定义、标准方程、一般方程及直线与圆的位置关系.

例题分析

【例1】 圆 $x^2+y^2-4x=1$ 的圆心和半径是(   ).

A.$(2,0),5$ B.$(2,0),\sqrt{5}$

C.$(0,2),\sqrt{5}$ D.$(2,2),5$

解：由 $x^2+y^2-4x=1 \Rightarrow (x-2)^2+y^2=5 \Rightarrow$ 圆心 $(2,0)$，$r=\sqrt{5}$.

或者 $x^2+y^2-4x-1=0 \Rightarrow D=-4,E=0,F=-1 \Rightarrow$ 圆心 $\left(-\dfrac{D}{2},-\dfrac{E}{2}\right)=(2,0)$，

半径 $r=\dfrac{\sqrt{D^2+E^2-4F}}{2}=\sqrt{5}$.

选 B.

【例2】 直线 $2x-y+7=0$ 与 $x^2+y^2-2x+2y=18$ 间的关系是(   ).

A.相离   B.相切

C.相交但直线不过圆心   D.相交且直线经过圆心

解：由 $x^2+y^2-2x+2y=18 \Rightarrow (x-1)^2+(y+1)^2=20 \Rightarrow$ 圆心 $(1,-1)$，半径 $r=\sqrt{20}=2\sqrt{5}$.

圆心 $(1,-1)$ 到直线 $2x-y+7=0$ 的距离是 $d=\dfrac{|2\times1+(-1)\times(-1)+7|}{\sqrt{1^2+(-1)^2}}=\dfrac{10}{\sqrt{5}}=2\sqrt{5}$，

所以 $d=r \Rightarrow$ 圆与直线相切.选 B.

【例3】 过点与圆相切的直线方程是(   ).

A.$x+2y+5=0$ B.$2x+y-5=0$

C.$2x-y=0$ D.$x+2y-5=0$

解：因为 $1^2+2^2=5$，所以点 $(1,2)$ 在圆上，则过点 $P(1,2)$ 的圆 $x^2+y^2=5$ 的切线方程是 $1\times x+2\times y=5 \Rightarrow x+2y-5=0$.选 D.

【例4】 设点 $A(4,3)$，$B(6,-1)$，以线段 AB 为直径的圆的方程为(   ).

A.$(x-5)^2+y^2=5$ B.$(x-5)^2+(y-1)^2=5$

C.$(x-5)^2+y^2=25$ D.$(x-5)^2+(y-1)^2=25$

解：设所求圆心为 C，则 C 为线段 AB 的中点，即 $\left(\dfrac{4+6}{2},\dfrac{3-1}{2}\right)$，半径为 AB 长度的 $1/2$，

即 $r=\dfrac{1}{2}\times\sqrt{(4-6)^2+(3-1)^2}=\dfrac{1}{2}\times\sqrt{20}=\sqrt{5}$

$(x-5)^2+(y-1)^2=5$ 即为所求圆的方程.选 B.

练习

1.圆 $x^2+y^2+2x-8y+8=0$ 的圆心和半径分别为(　　).

A.$(-1,4),1$　　　　B.$(1,-4),3$　　　　C.$(-1,4),3$　　　　D.$(1,-4),4$

2.直线 $L:x+y=\sqrt{2}$ 与圆 $C:x^2+y^2=1$ 的位置关系是(　　).

A.相切　　　　　　　　　　　　　　B.相离

C.相交且过圆心　　　　　　　　　　D.相交但不过圆心

3.若圆 $x^2+y^2=c$ 与直线 $x+y=1$ 相切,则 $c=$(　　).

A.$\dfrac{1}{2}$　　　　B.1　　　　C.2　　　　D.4

4.以点 $P(0,1)$ 为圆心且与直线 $\sqrt{3}x-y-3=0$ 相切的圆的方程为(　　).

A.$x^2+(y-1)^2=2$　　　　　　　　B.$x^2+(y-1)^2=4$

C.$x^2+(y-1)^2=16$　　　　　　　　D.$(x-1)^2+y^2=1$

5.已知 $P_1(-4,-5),P_2(6,-1)$,则以线段 P_1P_2 为直径的圆的标准方程为(　　).

A.$(x+1)^2+(y-3)^2=29$　　　　　　B.$(x+1)^2+(y+3)^2=29$

C.$(x+1)^2+(y-3)^2=116$　　　　　D.$(x-1)^2+(y+3)^2=116$

6.经过 $x^2+2x+y^2=0$ 的圆心 C,且与 $x+y=0$ 垂直的直线方程为(　　).

A.$x+y+1=0$　　　　　　　　　　B.$x+y-1=0$

C.$x-y+1=0$　　　　　　　　　　D.$x-y-1=0$

15.3　椭圆的定义和标准方程

知识点

椭圆的定义、标准方程和性质.

例题分析

【例1】　椭圆 $\dfrac{x^2}{5}+y^2=1$ 的焦点是(　　).

A.$(0,-2),(0,2)$　　　　　　　　B.$(-2,0),(2,0)$

C.$(0,-4),(0,4)$　　　　　　　　D.$(-4,0),(4,0)$

解: $\dfrac{x^2}{5}++y^2=1\Rightarrow a^2=5,b^2=1\Rightarrow c^2=a^2-b^2=5-1=4\Rightarrow c=2\Rightarrow F_1(-2,0),F_2(2,0)$,选 B.

【例2】　若椭圆 $\dfrac{x^2}{m^2}+\dfrac{y^2}{4}=1$ 经过点 $(-2,\sqrt{3})$,则其焦距是(　　).

A.$2\sqrt{5}$　　　　B.$2\sqrt{3}$　　　　C.$4\sqrt{5}$　　　　D.$4\sqrt{3}$

解:因为点 $(-2,\sqrt{3})$ 在椭圆 $\dfrac{x^2}{m^2}+\dfrac{y^2}{4}=1$ 上 $\Rightarrow \dfrac{(-2)^2}{m}+\dfrac{(\sqrt{3})^2}{4}=1\Rightarrow m^2=16$

$\Rightarrow a^2=16,b^2=4 \Rightarrow c^2=a^2-b^2=16-4=12 \Rightarrow c=2\sqrt{3} \Rightarrow$ 焦距 $2c=4\sqrt{3}$. 选 D.

【例3】 若椭圆的焦距长等于它的短轴长,则椭圆的离心率是( ).

A. $\dfrac{1}{2}$ B. $\dfrac{\sqrt{2}}{2}$ C. $\sqrt{2}$ D. 2

解: $2c=2b \Rightarrow c=b \Rightarrow a^2=c^2+b^2=2c^2 \Rightarrow a=\sqrt{2}c \Rightarrow e=\dfrac{c}{a}=\dfrac{c}{\sqrt{2}c}=\dfrac{1}{\sqrt{2}}=\dfrac{\sqrt{2}}{2}$. 选 B.

练习

1. 点 P 为椭圆 $25x^2+9y^2=225$ 上一点,F_1 和 F_2 是焦点,则 $|PF_1|+|PF_2|$ 的值为( ).

A. 6   B. 5   C. 10   D. 3

2. 对称中心在原点,焦点坐标为 $(-2,0)$,$(2,0)$,长轴长为 6 的椭圆方程是( ).

A. $\dfrac{x^2}{9}+\dfrac{y^2}{5}=1$ B. $\dfrac{x^2}{5}+\dfrac{y^2}{9}=1$

C. $\dfrac{x^2}{36}+\dfrac{y^2}{32}=1$ D. $\dfrac{x^2}{32}+\dfrac{y^2}{36}=1$

3. 椭圆 $\dfrac{x^2}{a^2}+y^2=1(a>0)$ 的离心率的取值范围是( ).

A. $\left(0,\dfrac{\sqrt{15}}{16}\right)$ B. $\left(0,\dfrac{\sqrt{15}}{4}\right)$ C. $\left(\dfrac{\sqrt{15}}{16},1\right)$ D. $\left(\dfrac{15}{4},1\right)$

4. 一动点 P 到两定点 $A(0,3)$,$B(0,-3)$ 的距离之和为 10,则点 P 的轨迹方程是_____.

5. 以椭圆的标准方程 $\dfrac{x^2}{16}+\dfrac{y^2}{9}=1$ 上的任一点(长轴两端点除外)和两个焦点为顶点的三角形的周长等于_____.

6. 已知椭圆 C 的中心在原点,一个焦点为 $(-2,0)$,且长轴长与短轴长的比为 $2:\sqrt{3}$,

(1)求椭圆 C 的方程;

(2)设点 $M(m,0)$ 在椭圆 C 的长轴上,点 P 是椭圆上任意一点,当 $|\overrightarrow{MP}|$ 最小时,点 P 恰好落在椭圆的右顶点,求实数 m 的取值范围.

7. 设椭圆的焦点为 $F_1(-3,0)$,$F_2(3,0)$,其长轴长为 4,

(1)求椭圆的方程;

(2)若直线 $y=\dfrac{3}{2}x+m$ 与椭圆有两个不同的交点,求 m 的取值范围.

15.4 双曲线的定义和标准方程

知识点

双曲线的定义、标准方程和性质.

例题分析

【例1】 双曲线 $\dfrac{y^2}{9} - \dfrac{x^2}{5} = 1$ 的焦距是( ).

      A.4   B.$\sqrt{14}$ C.$2\sqrt{14}$ D.8

解: $\dfrac{y^2}{9} - \dfrac{x^2}{5} = 1 \Rightarrow \begin{cases} \text{双曲线的焦点在 } y \text{ 轴上} \\ a^2 = 9, b^2 = 5 \Rightarrow c^2 = a^2 + b^2 = 14 \Rightarrow c = \sqrt{14} \end{cases} \Rightarrow 2c = 2\sqrt{14}.$ 选 C.

【例2】 焦点为 $(-5,0)$,$(5,0)$,经过点 $(3,0)$ 的双曲线的标准方程是( ).

    A.$\dfrac{x^2}{9} - \dfrac{y^2}{16} = 1$ B.$\dfrac{x^2}{9} - \dfrac{y^2}{25} = 1$

    C.$\dfrac{x^2}{9} - \dfrac{y^2}{34} = 1$ D.$\dfrac{x^2}{16} - \dfrac{y^2}{9} = 1$

解: 由题设可设双曲线 $\dfrac{x^2}{a^2} - \dfrac{y^2}{b^2} = 1 \Rightarrow c^2 = a^2 + b^2 \Rightarrow a^2 + b^2 = c^2 = 5^2 = 25$,通过排除法得到,

  只有 A,D 符合要求,又因为双曲线经过点 $(3,0)$,将 $x=3$,$y=0$ 代入 A,D 得到,$a^2 = 9$,

$b^2 = 16$. 选 A.

【例3】 中心在原点,焦点在坐标轴上,渐近线是 $y = \pm \dfrac{3}{4}x$,经过点 $(2,1)$ 的双曲线方程

为 _____.

  解: $y = \pm \dfrac{3}{4}x \Rightarrow a = 4m, b = 3m \Rightarrow \dfrac{x^2}{16m^2} - \dfrac{y^2}{9m^2} = 1$ 或者 $\dfrac{y^2}{9m^2} - \dfrac{y^2}{16m^2} = 1$,

  将 $(2,1)$ 即 $x=2$,$y=1$ 代入两个方程,经过检验得到 $\dfrac{9x^2}{20} - \dfrac{4y^2}{5} = 1$.

练习

1.焦点 $(-5,0)$,$(5,0)$ 且过点 $(-3,0)$ 的双曲线的标准方程为( ).

    A.$\dfrac{y^2}{16} - \dfrac{x^2}{9} = 1$ B.$\dfrac{x^2}{9} - \dfrac{y^2}{4} = 1$

    C.$\dfrac{x^2}{9} - \dfrac{y^2}{16} = 1$ D.$\dfrac{y^2}{9} - \dfrac{x^2}{16} = 1$

2.点 P 是以 F_1、F_2 为焦点的双曲线 $\dfrac{x^2}{25} - \dfrac{y^2}{9} = 1$ 上的一点,且 $|PF_1| = 12$,则 $|PF_2|$ 等于

  ( ).

A.2   B.22   C.2 或 22   D.4 或 22

3.已知方程 $\frac{x^2}{2-k}+\frac{y^2}{k-1}=1$ 的图像是双曲线,那么 k 的取值范围是(   ).

A.$k<1$ B.$k>2$ C.$1<k<2$ D.$k<1,k>2$

4.已知双曲线的中心在原点,焦点在 x 轴上,离心率等于 3,并且过点 $(-3,8)$,求:

(1)双曲线的焦点坐标及标准方程;(2)双曲线的渐近线.

5.已知双曲线 $\frac{x^2}{a^2}-\frac{y^2}{b^2}=1(a>0,b>0)$ 和椭圆 $\frac{x^2}{16}+\frac{y^2}{9}=1$ 有相同的焦点,且双曲线的离心率是椭圆离心率的两倍,求双曲线的方程.

6.已知一个圆的圆心为双曲线 $\frac{x^2}{4}-\frac{y^2}{12}=1$ 的右焦点,并且此圆过原点,求:

(1)该圆的方程;

(2)直线 $y=\sqrt{3}x$ 被该圆截得的弦长.

15.5   抛物线的定义和标准方程

知识点

抛物线的定义、标准方程和性质.

例题分析

【例1】   已知抛物线的焦点是 $F(0,-2)$,求它的标准方程和准线方程.

解:因为焦点在 y 轴的负半轴上,并且 $\frac{p}{2}=2$,所以 $p=4$,

故所求抛物线的标准方程为 $x^2=-8y$,准线方程为 $y=2$.

【例2】   抛物线 $x^2=\frac{1}{4}y$ 的焦点坐标是(   ).

A.$\left(0,\frac{1}{8}\right)$ B.$\left(0,-\frac{1}{16}\right)$ C.$\left(0,-\frac{1}{8}\right)$ D.$\left(0,\frac{1}{16}\right)$

解：$x^2 = -\dfrac{1}{4}y \Rightarrow \begin{cases} \text{顶点在原点,对称轴是 } y \text{ 轴,开口向下,} \\ 2p = \dfrac{1}{4} \Rightarrow p = \dfrac{1}{8} \end{cases} \Rightarrow$ 焦点坐标是 $\left(0, -\dfrac{p}{2}\right) = \left(0, -\dfrac{1}{16}\right)$.

选 B.

【例 3】 抛物线 $y^2 = ax(a < 0)$ 的焦点到准线的距离是(　　).

　　　　A.$\dfrac{a}{4}$ 　　　　　　　B.$\dfrac{a}{2}$ 　　　　　　　C.$-\dfrac{a}{4}$ 　　　　　　　D.$-\dfrac{a}{2}$

解：$\begin{cases} y^2 = ax \\ y^2 = -2px \end{cases} \Rightarrow a = -2p \Rightarrow p = -\dfrac{a}{2}$ 即是焦点到直线的距离.选 D.

【例 4】 抛物线 $y = x^2$ 上的点到直线 $2x - y - 4 = 0$ 的最短距离是(　　).

　　　　A.$3\sqrt{3}$ 　　　　　　B.$\sqrt{15}$ 　　　　　　C.$\dfrac{1}{3}\sqrt{15}$ 　　　　　　D.$\dfrac{3}{5}\sqrt{5}$

解：在抛物线上设点 $P(x_0, y_0)$,即 $y_0 = x_0^2$,则 P 到直线 $2x - y - 4 = 0$ 的距离：

$$d = \dfrac{|2x_0 - y_0 - 4|}{\sqrt{2^2 + (-1)^2}} = \dfrac{|x_0^2 - 2x_0 + 4|}{\sqrt{5}} = \dfrac{(x_0 - 1)^2 + 3}{\sqrt{5}} \Rightarrow x_0 = 1 \text{ 时},d \text{ 的最小值} = \dfrac{3}{\sqrt{5}} = \dfrac{3}{5}\sqrt{5}.\text{选 D.}$$

✎ 练习

1.抛物线 $y^2 = -4x$ 的准线方程为(　　).

　A.$x = -1$ 　　　　　　　B.$x = 1$ 　　　　　　　C.$y = 1$ 　　　　　　　D.$y = -1$

2.抛物线 $y^2 = 2px$ 的准线过双曲线 $x^2 - y^2 = 1$ 的左焦点,则 $p = ($　　$)$.

　A.-2 　　　　　　　　B.-4 　　　　　　　　C.$2\sqrt{2}$ 　　　　　　　D.4

3.如果抛物线上的一点到其焦点的距离为 8,则这点到该抛物线准线的距离为(　　).

　A.4 　　　　　　　　　B.8 　　　　　　　　　C.16 　　　　　　　　　D.32

4.顶点在原点,坐标轴为对称轴的抛物线过点 $(-2, 3)$,则它的方程是(　　).

　A.$x^2 = -\dfrac{9}{2}y$ 或 $y^2 = \dfrac{4}{3}x$ 　　　　　　　　B.$y^2 = -\dfrac{9}{2}x$ 或 $x^2 = \dfrac{4}{3}y$

　C.$x^2 = \dfrac{4}{3}y$ 　　　　　　　　　　　　　　D.$y^2 = -\dfrac{9}{2}x$

5.过抛物线 $y^2 = 4x$ 的焦点 F 的直线交该抛物线于 AB 两点,O 为坐标原点.若 $|AF| = 3$,则 $\triangle AOB$ 的面积为(　　).

　A.$\dfrac{\sqrt{2}}{2}$ 　　　　　　　　B.$\sqrt{2}$ 　　　　　　　　C.$\dfrac{3\sqrt{2}}{2}$ 　　　　　　　D.$2\sqrt{2}$

6.已知过点 $(0, 4)$,斜率为 -1 的直线 L 与抛物线 $C : y^2 = 2px(p > 0)$ 交于两点,

(1)求 C 的顶点到 L 的距离;

(2)若线段 AB 中点的横坐标为 6,求 C 的焦点坐标.

15.6　坐标轴的平移

知识点

坐标轴的平移.

例题分析

【例1】　在直角坐标系中平移坐标轴,把原点 $O(0,0)$ 移到 $O'(3,-5)$,点 A 在新坐标中的坐标为 $(-3,7)$,则点 A 在原坐标系中的坐标为(　　).

A.$(-1,2)$ 　　　　B.$(1,-2)$ 　　　　C.$(-5,12)$ 　　　　D.$(5,-12)$

解:由已知得 $\begin{cases} x=x'+2 \\ y=y'-5 \end{cases}$,点 A 有 $x'=-3$,$y'=7$,所以点 A 在原坐标系中的坐标是 $(-1,2)$.

　选 A.

【例2】　平移坐标系,使原坐标系的原点在新坐标系中的坐标为 $(3,-2)$,则原坐标系中坐标为 $(-2,3)$ 的点在新坐标系中的坐标为_____.

解:坐标系平移公式 $\begin{cases} x=x'+h \\ y=y'+k \end{cases}$,当 $\begin{cases} x=0 \\ y=0 \end{cases}$ 时,

$\begin{cases} x'=3 \\ y'=2 \end{cases}$,解得 $\begin{cases} h=-3 \\ k=2 \end{cases}$,于是原坐标系中 $(-2,3)$ 的点在新坐标系中的坐标是 $(1,1)$.

练习

1.平移坐标轴,将坐标原点移至 $O'(1,-1)$,则点 $(-2,0)$ 在新坐标系中的坐标为(　　).

A.$(1,-1)$ 　　　　B.$(-2,0)$ 　　　　C.$(-3,1)$ 　　　　D.$(-1,-1)$

2.平移坐标系,将原点移到 $O'(-3,1)$,则曲线 $(y-3)^2=2(x+5)$ 在新坐标系中的方程是(　　).

A.$(y'-2)^2=2(x'+2)$ 　　　　　　　　B.$(y'-6)^2=2(x'+6)$

C.$(y'-6)^2=2(x'+8)$ 　　　　　　　　D.$y'^2=2x'$

3.平移坐标系,点 P 坐标由 $(1,2)$ 变为 $(-3,2)$,则原坐标系的原点在新坐标系中的坐标是_____.

15.7　参数方程

知识点

参数方程与普通方程的转化.

例题分析

【例 1】 若直线的参数方程是 $\begin{cases} x=\sqrt{2}-\sqrt{2}\,t \\ y=-\sqrt{2}+\sqrt{2}\,t \end{cases}$（$t$ 是参数），则直线的倾斜角是(   ).

　A.$-\dfrac{\pi}{4}$　　　　B.$\dfrac{\pi}{4}$　　　　C.$\dfrac{3\pi}{4}$　　　　D.$\dfrac{5\pi}{4}$

解：$\begin{cases} x=\sqrt{2}-\sqrt{2}\,t \\ y=-\sqrt{2}+\sqrt{2}\,t \end{cases}$（$t$ 是参数）$\Rightarrow y=-x \Rightarrow k=-1 \Rightarrow \tan\alpha=-1 \Rightarrow \alpha=\dfrac{3\pi}{4}$.选 C.

【例 2】 参数方程 $\begin{cases} x=2\sin\theta \\ y=2-3\cos\theta \end{cases}$（$\theta$ 是参数），表示(   ).

　A.圆　　　　B.椭圆　　　　C.双曲线　　　　D.抛物线

解：$\begin{cases} x=2\sin\theta \\ y=2-3\cos\theta \end{cases} \Rightarrow \dfrac{(x+1)^2}{4}+\dfrac{(y-2)^2}{9}=1$，即椭圆.选 B.

练习

1.参数方程 $\begin{cases} x=\sqrt{3}+\dfrac{1}{2}t \\ y=3-\dfrac{\sqrt{3}}{2}t \end{cases}$（$t$ 是参数）表示的直线的斜率是(   ).

　A.$k=-\sqrt{3}$　　　　B.$k=\dfrac{\sqrt{3}}{3}$　　　　C.$k=\dfrac{1}{3}$　　　　D.$k=\sqrt{2}$

2.参数方程 $\begin{cases} x=\cos t+\sin t \\ y=\cos t-\sin t \end{cases}$（$t$ 是参数）的普通方程是＿＿＿＿＿＿＿＿＿＿.

3.参数方程 $\begin{cases} x=5\cos t \\ y=3\sin t \end{cases}$（$t$ 是参数）表示的椭圆的焦距是＿＿＿＿.

自测题

1.选择题

（1）双曲线 $\dfrac{x^2}{4}-y^2=1$ 的顶点到其渐近线的距离等于(   ).

　A.$\dfrac{2}{5}$　　　　B.$\dfrac{4}{5}$　　　　C.$\dfrac{2\sqrt{5}}{5}$　　　　D.$\dfrac{4\sqrt{5}}{5}$

（2）过点 $P(4,-3)$ 且与圆 $x^2+y^2=25$ 相切的直线方程是(   ).

　A.$4x-3y-25=0$　　　　　　　　B.$4x-3y-7=0$

　C.$3x+4y+24=0$　　　　　　　　D.$3x-4y-24=0$

（3）椭圆的对称轴在坐标轴上，且以圆 $x^2+y^2+2y=0$ 的圆心为一个焦点,短轴长是 4 的椭圆方程是(   ).

　A.$\dfrac{x^2}{5}+\dfrac{y^2}{4}=1$　　　　　　　　B.$\dfrac{x^2}{3}+\dfrac{y^2}{2}=1$

$$C. \frac{x^2}{4} + \frac{y^2}{5} = 1 \qquad\qquad D. \frac{x^2}{2} + \frac{y^2}{3} = 1$$

（4）设 F_1，F_2 是椭圆 $\frac{x^2}{25} + \frac{y^2}{9} = 1$ 的焦点，P 是椭圆上一点与 F_1，F_2 构成一个三角形，则 $\triangle PF_1F_2$ 的周长是（   ）.

A.16   B.18   C.20   D.22

（5）椭圆 $4x^2 + 2y^2 = 1$ 的准线方程是（   ）.

$$A. x = \pm 1 \qquad\qquad B. x = \pm \frac{4\sqrt{3}}{3}$$

$$C. y = \pm 1 \qquad\qquad D. y = \pm \frac{4\sqrt{3}}{3}$$

（6）双曲线 $3x^2 - 2y^2 = 6$ 的离心率是（   ）.

$$A. \frac{\sqrt{5}}{2} \qquad\quad B. \frac{\sqrt{13}}{3} \qquad\quad C. \frac{\sqrt{10}}{2} \qquad\quad D. \frac{\sqrt{15}}{3}$$

（7）双曲线 $\frac{y^2}{25} - \frac{x^2}{16} = 1$ 的渐近线方程是（   ）.

$$A. y = \pm \frac{4}{5}x \qquad\qquad B. y = \pm \frac{5}{4}x$$

$$C. y = \pm \frac{25}{16}x \qquad\qquad D. y = \pm \frac{16}{25}x$$

（8）焦点是 $(-5,0)$，$(5,0)$，经过点 $(-3,0)$ 的双曲线的标准方程是（   ）.

$$A. \frac{x^2}{9} - \frac{y^2}{16} = 1 \qquad\qquad B. \frac{x^2}{9} - \frac{y^2}{25} = 1$$

$$C. \frac{x^2}{9} - \frac{y^2}{34} = 1 \qquad\qquad D. \frac{x^2}{16} - \frac{y^2}{9} = 1$$

（9）抛物线的顶点在原点，对称轴为 x 轴，其上一点 M 到焦点的距离是 5，M 点的横坐标是 3，则抛物线的标准方程是（   ）.

$$A. y^2 = 4x \qquad\qquad B. y^2 = 8x$$

$$C. y^2 = -4x \qquad\qquad D. y^2 = -8x$$

（10）抛物线的顶点在原点，对称轴为坐标轴，焦点在直线 $x - y + 2 = 0$ 上，则抛物线的标准方程是（   ）.

$$A. y^2 = -4x \text{ 或 } x^2 = 4y \qquad\qquad B. y^2 = 4x \text{ 或 } x^2 = -4y$$

$$C. y^2 = 8x \text{ 或 } x^2 = -8y \qquad\qquad D. y^2 = -8x \text{ 或 } x^2 = 8y$$

（11）已知中心在原点的双曲线 C 的右焦点 $F(3,0)$，离心率等于 $\frac{3}{2}$，则双曲线 C 的方程是（   ）.

$$A. \frac{x^2}{4} - \frac{y^2}{\sqrt{5}} = 1 \qquad\qquad B. \frac{x^2}{4} - \frac{y^2}{5} = 1$$

$$C. \frac{x^2}{2} - \frac{y^2}{5} = 1 \qquad\qquad D. \frac{x^2}{2} - \frac{y^2}{\sqrt{5}} = 1$$

(12)抛物线 $y^2=4x$ 的焦点到双曲线 $x^2-\dfrac{y^2}{3}=1$ 的渐近线的距离是(　　).

A.$\dfrac{1}{2}$　　　　　　B.$\dfrac{\sqrt{3}}{2}$　　　　　　　　C.1　　　　　　　　D.$\sqrt{3}$

(13)圆 $(x-1)^2+y^2=1$ 的圆心到直线 $y=\dfrac{\sqrt{3}}{3}x$ 的距离是(　　).

A.$\dfrac{1}{2}$　　　　　　B.$\dfrac{\sqrt{3}}{2}$　　　　　　　　C.1　　　　　　　　D.$\sqrt{3}$

(14)若圆 C 的圆心坐标为 $(2,-3)$,且圆 C 经过点 $M(5,-7)$,则圆 C 的半径为(　　).

A.$\sqrt{5}$　　　　　　B.5　　　　　　　　C.25　　　　　　　　D.$\sqrt{10}$

(15)设 P 是椭圆 $\dfrac{x^2}{81}+\dfrac{y^2}{25}=1$ 上的点,若 F_1,F_2 是椭圆的两个焦点,则 $|PF_1|+|PF_2|$ 等于 (　　).

A.4　　　　　　B.8　　　　　　　　C.18　　　　　　　　D.10

(16)已知抛物线的准线方程为 $x=-7$,则抛物线的标准方程为(　　).

A.$x^2=-28y$　　　B.$y^2=28x$　　　　　C.$y^2=-28x$　　　　D.$x^2=28y$

(17)已知双曲线 $\dfrac{x^2}{a^2}-\dfrac{y^2}{b^2}=1(a>0,b>0)$ 的一条渐近线方程是 $y=\sqrt{3}x$,它的一个焦点在抛物线 $y^2=24x$ 的准线上,则双曲线的方程为(　　).

A.$\dfrac{x^2}{36}-\dfrac{y^2}{108}=1$　　　　　　　　　　B.$\dfrac{x^2}{9}-\dfrac{y^2}{27}=1$

C.$\dfrac{x^2}{108}-\dfrac{y^2}{36}=1$　　　　　　　　　　D.$\dfrac{x^2}{27}-\dfrac{y^2}{9}=1$

2.填空题

(1)若一直线过圆 $x^2+y^2+6x-10y-2=0$ 的圆心,且与直线 $2x-3y-5=0$ 垂直,则直线方程是_____.

(2)若圆的圆心是抛物线 $y^2=8x$ 的焦点,且与抛物线的准线相切,则圆的方程是_____.

(3)椭圆 $\dfrac{x^2}{k+8}+\dfrac{y^2}{9}=1$ 的离心率 $e=\dfrac{1}{2}$,则 $k=$_____.

(4)中心在原点,焦点在 x 轴,长轴与短轴之比是 $\dfrac{3}{2}$,且过点 $(3,2\sqrt{3})$ 的椭圆方程是_____.

3.解答题

(1)设椭圆 $x^2+\dfrac{y^2}{b^2}=1$ 和一开口向右,顶点在原点的抛物线有公共焦点,记 P 为该椭圆与抛物线的一个交点,若点 P 的横坐标是 $\dfrac{1}{2}$,求此椭圆的离心率.

（2）求与椭圆 $4x^2+9y^2=36$ 有相同的焦距,且离心率为 $\dfrac{\sqrt{5}}{5}$ 的椭圆的标准方程.

（3）已知圆 O 的圆心位于坐标原点,圆 O 与 x 轴正半轴相交于 A,与 y 轴的正半轴交于 B, $|AB|=2\sqrt{2}$,

①求圆 O 的方程;

②设 P 为圆 O 上的一点,且 $OP /\!/ AB$,求点 P 的坐标.

（4）如右图所示,设 A_1A_2 是椭圆 C_1 长轴的两个端点, l 是 C_1 的右准线,双曲线 C_2: $\dfrac{x^2}{4}-\dfrac{y^2}{3}=1$,

①求 l 的方程;

②设 P 为 l 与 C_2 的一个交点,直线 PA_1 与 C_1 的另一个交点为 Q,直线 PA_2 与 C_1 的另一个交点为 R,求 $|QR|$.

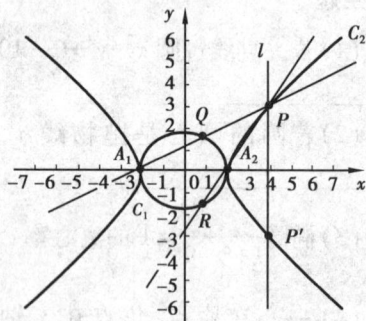

第4部分 立体几何

第16章 空间直线与空间平面

16.1 空间平面

知识点

空间两直线间的关系.

例题分析

【例1】 下列说法中正确的是( ).

    A.平静的湖面是平面

    B.两个平面叠起来比一个平面厚

    C.有一个平面长 100 m,宽 50 m

    D.平面没有厚度,可以无限延展

解:平面是没有厚度,可以无限延展的,所以 A、B、C 都是错误的.选 D.

【例2】 线段 AB 在平面 α 内,则直线 AB 与平面 α 的位置关系是( ).

    A.$AB \subset \alpha$ B.$AB \not\subset \alpha$

    C.与线段 AB 的长短有关   D.以上都不对

解:由公理 1 可知,如果一条直线上的两点在一个平面内,则这条直线上的所有点都在这个平面内. 线段 AB 在平面 α 内,则直线 AB 上所有的点都在平面 α 内.选 A.

【例3】 在空间中,下列命题正确的是( ).

    A.两组对边分别相等的四边形是平行四边形

    B.两组对角分别相等的四边形是平行四边形

    C.四条边相等的四边形是菱形

    D.对角线相交的四边形是平面图形

解:A、B、C 3 个选项中四边形的 4 个顶点都有可能不在同一个平面内,只有 D 选项中两条相交直线确定一个平面是正确的.选 D.

📝 **练习** ▮▮▮

1.空间内的两条直线有 3 种位置关系：_____、_____、_____.

2.确定一个平面的条件有：_____、_____、_____.

3.已知直线 m 在平面 α 内，l 为平面外的一条直线，设甲：$l /\!/ \alpha$，乙：$l /\!/ m$，则（　　）.

　　A.甲是乙的必要条件，但不是乙的充分条件

　　B.甲是乙的充分条件，但不是乙的必要条件

　　C.甲既不是乙的充分条件，也不是乙的必要条件

　　D.甲是乙的充分必要条件

4.下列 4 个命题中正确的是（　　）.

　　①过直线外一点有无数个平面与这条直线平行.

　　②如果一个平面内的两条直线都平行于另一个平面，那么这两个平面平行.

　　③过平面外一点有无数条直线与这个平面平行.

　　④分别在两个平行平面内的两条直线平行.

　　A.①②　　　　　　B.①③　　　　　　C.②③　　　　　　D.②④

5.三条两两平行的直线最多可以确定的平面数为（　　）.

　　A.1　　　　　　　B.2　　　　　　　C.3　　　　　　　D.4

6.下列图形中，有可能不是平面图形的是（　　）.

　　A.4 个角都不是直角的梯形

　　B.有一个角是 30° 的等腰三角形

　　C.4 条线段顺次首尾连接所得到的图形

　　D.一条边长是另一条边长两倍的平行四边形

16.2　空间直线与空间平面的关系

📖 **知识点** ▮▮▮

空间直线与平面的关系；空间平面间的关系.

📝 **例题分析** ▮▮▮

【例1】　已知平面 α 和平面 β、平面 γ 都相交，则 3 个平面的交线可能有（　　）.

　　　　A.1 条或 2 条　　　　　　　　　　B.2 条或 3 条

　　　　C.1 条或 3 条　　　　　　　　　　D.1 条或 2 条或 3 条

解：3 个平面相交有可能交于一条直线；若平面 β 和 γ 平行则为两条交线；若 3 个平面两两相交则为 3 条交线，比如 3 个平面两两垂直就是 3 条交线.选 D.

【例2】　已知 m,n 为两条不同的直线，α,β 为两个不同的平面，则下列说法正确的是（　　）.

A.若 $m/\!/\alpha, n/\!/\alpha$, 则 $m/\!/n$　　　　　　　B.若 $m/\!/n, m\perp\alpha$, 则 $n\perp\alpha$

C.若 $m/\!/\beta, \alpha/\!/\beta$, 则 $m/\!/\alpha$　　　　　　D.若 $\alpha\cap\beta=m, m\perp n$, 则 $n\perp\alpha$

解:A 选项中 m, n 可能异面或相交,C 选项中直线 m 还有可能在平面 α 内,D 选项中,直线 n 与平面 α 的关系不确定.选 B.

【例 3】 已知四边形 $ABCD$ 是边长为 1 的正方形,点 S 为平面 $ABCD$ 外一点,点 O 为 $ABCD$ 的中心,$SO\perp$ 平面 $ABCD$,$SC=1$,则 SC 与平面 $ABCD$ 所成的角为(　　).

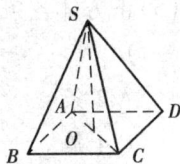

A.75°　　　　　　　　　　B.60°

C.45　　　　　　　　　　D.30°

分析:本题考查线面角的求法.直线和平面所成的角是直线和其在平面内的射影所成的角.

解:如右图所示,$\angle SCO$ 为所求的角

在 $\triangle SCO$ 中,$OC=\dfrac{\sqrt{2}}{2}, SC=1$

故 $\cos\angle SCO=\dfrac{\sqrt{2}}{2}$,则 $\angle SCO=45°$.选 C.

【例 4】 在直二面角 $\alpha\text{-}AB\text{-}\beta$ 的棱 AB 上,有两个点 A 和 B,AC 和 BD 分别在这个二面角的两个面内,且垂直于线段 AB,$AB=3$ cm,$AC=12$ cm,$BD=4$ cm,求 CD 的长.

解:如右图所示,连接 AD,在 $\text{Rt}\triangle ABD$ 中,$AD^2=AB^2+BD^2=3^2+4^2=25$

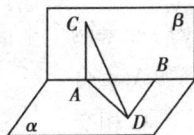

由直二面角的性质,$AC\perp$ 平面 ABD,即 $AC\perp AD$

故在 $\text{Rt}\triangle CAD$ 中,$CD=\sqrt{AC^2+AD^2}=\sqrt{12^2+25}=13(\text{cm})$.

练习

1.填空题.

(1)空间直线与平面的位置关系有 3 种:_____、_____、_____.

(2)空间内,两个平面有两种位置关系:_____与_____.

2.选择题.

(1)一条直线和三角形的两边同时垂直,则这条直线和第三条边的关系是(　　).

A.垂直　　　　　　　　　　B.平行

C.相交不垂直　　　　　　　D.不确定

(2)若两条直线和平面相交成等角,则这两条直线的位置关系是(　　).

A.平行　　　　　　　　　　B.异面

C.相交　　　　　　　　　　D.平行、异面或相交

(3)已知直线 $m\perp$ 平面 α,直线 $n\subset\beta$,则下列命题正确的是(　　).

A.若 $\alpha/\!/\beta$,则 $m\perp n$　　　　　　B.若 $\alpha\perp\beta$,则 $m/\!/n$

C.若 $m\perp n$,则 $\alpha/\!/\beta$　　　　　　D.若 $n/\!/\alpha$,则 $\beta/\!/\alpha$

（4）如右图所示，正方体 $ABCD\text{-}A_1B_1C_1D_1$ 中，BC_1 与对角面 BB_1D_1D 所成角是（　　）.

　　A.$\angle C_1BD_1$　　　　　　　　　　B.$\angle C_1BD$

　　C.$\angle C_1BB_1$　　　　　　　　　　D.以上均不对

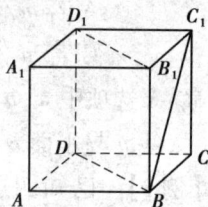

（5）正方体各条棱所在的直线中，与其中一条棱 l 异面的直线共有（　　）.

　　A.2 条　　　　　　　　　　　　B.3 条

　　C.4 条　　　　　　　　　　　　D.5 条

3.解答题.

（1）已知正方体 $ABCD\text{-}A_1B_1C_1D_1$，求直线 BC_1 和平面 $ABCD$ 所成角的大小.

（2）已知正方体 $ABCD\text{-}A_1B_1C_1D_1$，求二面角 $D_1\text{-}AB\text{-}D$ 的大小.

自测题

1.选择题

（1）如果两个平面有 3 个公共点，则这两个平面（　　）.

　　A.重合　　　　　　　　　　　　B.只有 3 个公共点

　　C.相交　　　　　　　　　　　　D.重合或相交

（2）在空间中，下列命题不正确的是（　　）.

　　A.圆心和圆上两点可确定一个平面　　B.圆上 3 点可确定一个平面

　　C.空间 4 点中，若 4 点不在同一个平面内，则任意 3 点不在同一条直线上

　　D.4 条平行线不能确定 5 个平面

（3）在空间中，下列 4 个命题为真命题的是（　　）.

　　A.平行于同一条直线的两条直线互相平行

　　B.垂直于同一条直线的两条直线互相平行

　　C.若直线 a 与 b 是异面直线，直线 b 与 c 也是异面直线，则直线 a,c 是异面直线

　　D.若直线 a∥平面 α，直线 b∥平面 α，则直线 a∥b

（4）空间内，不相交的是这两条直线平行的（　　）.

　　A.充分不必要条件　　　　　　　B.必要不充分条件

　　C.既不充分也不必要条件　　　　D.充分必要条件

（5）空间中垂直于同一条直线的两直线（　　）.

　　A.互相平行　　　　　　　　　　B.互相垂直

　　C.异面或相交　　　　　　　　　D.平行或异面或相交

(6)分别和两条异面直线 AB,CD 同时相交的两条直线 AC,BD(　　).

  A.相交　　　　　　B.平行　　　　　　C.是异面直线　　　　D.垂直

(7)已知 a,b 为异面直线,$a\subset\alpha,b\subset\beta$,若 $\alpha\cap\beta=l$,,则直线 l 必定(　　).

  A.与 a,b 都相交　　　　　　　　　B.至少与 a,b 中的一条相交

  C.与 a,b 都不相交　　　　　　　　D.最多与 a,b 中的一条相交

(8)设 a,b 为异面直线,则下列说法中正确的是(　　).

  A.过 a 存在唯一的平面与 b 平行

  B.过 a 存在唯一的平面与 b 垂直

  C.存在唯一的平面与 a,b 都平行

  D.存在唯一的平面与 a,b 都垂直

(9)经过空间内一点,与已知直线平行的平面有(　　).

  A.只有一个　　　　B.两个　　　　　　C.三个　　　　　　　D.无数个

(10)下列 4 个命题中,正确的是(　　).

  A.若两个平面有 3 个点重合,则这两个平面一定重合

  B.若两个平面相交于一点,则这一点不一定在这两个平面的交线上

  C.如果两个平行平面都与第 3 个平面相交,那么它们的交线平行

  D.平行于同一条直线的两个平面平行

(11)在正方体 $ABCD$-$A_1B_1C_1D_1$ 中,与 A_1C 垂直的是(　　).

  A.BD　　　　　　B.CD　　　　　　C.BC　　　　　　D.CC_1

(12)正方体的一条体对角线与正方体的棱可以组成异面直线的对数是(　　).

  A.2　　　　　　　B.3　　　　　　　C.6　　　　　　　D.12

(13)过平面外的两个点与这个平面垂直的平面(　　).

  A.只有一个　　　　　　　　　　　B.有两个

  C.有无数个　　　　　　　　　　　D.个数与两个点的位置有关

(14)都与第三个平面垂直的两个平面(　　).

  A.互相平行　　　　　　　　　　　B.相交

  C.若相交,交线垂直于第三个平面　　D.垂直

(15)以空间四边形各边中点为顶点的四边形是棱形,则空间四边形的两条对角线(　　).

  A.互相垂直且可能长相等　　　　　B.长相等但不垂直

  C.长相等且可能互相垂直　　　　　D.一定垂直但长不相等

(16)正方体 $ABCD$-$A_1B_1C_1D_1$ 中,AC 所在的直线与 BC_1 所在的直线所成角的大小是(　　).

  A.30°　　　　　　B.45°　　　　　　C.60°　　　　　　　D.90°

(17)以等腰直角三角形斜边上的高为折痕,将这个三角形折成一个直二面角,两条直角边的夹角等于(　　).

  A.30°　　　　　　B.45°　　　　　　C.60°　　　　　　　D.90°

2.填空题

(1)如果一个平面内的_____与另一个平面平行,那么这两个平面平行;如果一条直线与一个平面内的两条相交直线都垂直,则这条直线与这个平面_____.

(2)从一条直线出发的两个半平面所组成的图形称为_____,这条直线称为二面角的_____,这两个半平面称为二面角的_____.

(3)在棱长为 a 的正方体 $ABCD\text{-}A_1B_1C_1D_1$ 中,A_1B 与 AD_1 所成的角为_____.

(4)在棱长为 a 的正方体 $ABCD\text{-}A_1B_1C_1D_1$ 中,面 A_1BCD_1 与面 $ABCD$ 所成的二面角为_____.

3.解答题

(1)在正方体 $ABCD\text{-}A_1B_1C_1D_1$ 中,求异面直线 AC 与 BC_1 所成角的大小.

(2)已知 a,b 为两条异面直线,$A,C \in a$,$B,D \in b$,E,F 分别为 AB,CD 的中点,$AC=6$,$BD=8$,$EF=5$,求异面直线 a,b 所成的角?

(3)在 $60°$ 二面角的一个平面内有一点 C,点 C 到棱的距离是 4,求点 C 到另一个面的距离.

(4)已知在边长为 1 的正三角形 ABC 所在的平面外一点 S,如果 $SA=SB=SC=1$,求二面角 $P\text{-}AB\text{-}C$ 的平面角的余弦值.

第17章 多面体与旋转体

17.1 多面体的表面积、体积

知识点

棱柱和棱锥的体积;长方体的对角线长定理.

例题分析

【例1】 一个正六棱柱,它的底面边长 $a=2$ cm,高 $h=3$ cm,求这个正六棱柱的侧面积.

解: 由于 $S_{直棱柱侧}=ch, a=2$ cm, $h=3$ cm

故 $S=ch=6\times2\times3=36$ m^2

所以这个正六棱柱的侧面积为 36 m^2.

【例2】 一个正四棱柱的底面边长为 2 cm,高为 5 cm,求这个正四棱柱的表面积和体积.

分析: 多面体的表面积等于各个面的面积之和;直棱柱的体积等于底面积乘以高.

解: 因为正四棱柱的底面边长为 2 cm,高为 5 cm,故 $S_{表}=S_{侧}+2S_{底}$, $V_{直棱柱}=S_{底面}h$,

即 $S_{表}-2\times4\times5+2\times2^2=48$ cm^2 $V=2^2\times5=20$ cm^3,

故此正四棱柱的表面积为 48 cm^2,体积为 20 cm^3.

【例3】 在正三棱锥 P-ABC 中,O 点为三角形的中心,$AB=1$,$PB=2$,求此正三棱锥的高 PO.

解: 如右图所示,延长 BO 交 AC 于点 D,在正 $\triangle ABC$ 中,$AB=1$

所以 $BD=AB\sin 60°=\dfrac{\sqrt{3}}{2}$

$OB=\dfrac{2}{3}BD=\dfrac{2}{3}\times\dfrac{\sqrt{3}}{2}=\dfrac{\sqrt{3}}{3}$

又因为 $PO\perp$ 面 ABC,$PB=2$

所以在 Rt$\triangle POB$ 中,$PO=\sqrt{2^2-\left(\dfrac{\sqrt{3}}{3}\right)^2}=\dfrac{\sqrt{33}}{3}$.

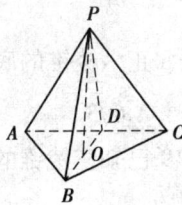

【例4】 如下左图所示,等腰三角形 ABC 底边 $BC=2$,BC 边上的高 $AD=\sqrt{2}$,沿 AD 将三角形 ABC 折成 $60°$ 的二面角 B-AD-C,如下右图所示,求三棱锥 B-ACD 的体积.

解: 因为 $AD\perp BD$,$AD\perp DC$,故 $AD\perp$ 面 BCD,则 AD 为三棱锥 A-BCD 的高,

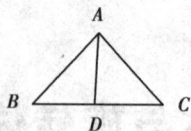

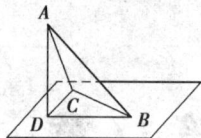

$$S_{\triangle BCD} = \frac{\sqrt{3}}{4},$$

$$故 \quad V_{B-ACD} = V_{A-BCD} = \frac{1}{3} \times \frac{\sqrt{3}}{4} \times \sqrt{2} = \frac{\sqrt{6}}{12}$$

练 习

1.由若干个平面多边形围成的封闭几何体称为_____,一个多面体至少有_____个面.

2.侧棱与底面垂直的棱柱称为_____,侧棱不垂直于底面的棱柱称为_____,底面是正多边形的直棱柱称为_____.

3.底面是正多边形,其余各面是全等的等腰三角形的棱锥称为_____.

4.已知正方体的体对角线为 $\sqrt{3}$,则它的表面积为(　　).

　　A.2　　　　　　　　B.4　　　　　　　　C.6　　　　　　　　D.8

5.长方体共用一个顶点的 3 个面的面积分别为 $\sqrt{2},\sqrt{3},\sqrt{6}$,这个长方体对角线的长是(　　).

　　A.$2\sqrt{3}$　　　　　　B.$3\sqrt{2}$　　　　　　C.6　　　　　　　　D.$\sqrt{6}$

6.棱长为 2 的正四面体的表面积是(　　).

　　A.$\sqrt{3}$　　　　　　B.4　　　　　　　　C.$4\sqrt{3}$　　　　　　D.16

7.若三棱锥的 3 个侧面都是边长为 1 的等边三角形,则该三棱锥的高为(　　).

　　A.$\frac{\sqrt{2}}{2}$　　　　　　B.$\frac{\sqrt{3}}{3}$　　　　　　C.$\frac{\sqrt{6}}{3}$　　　　　　D.$\frac{1}{2}$

8.正六棱锥的底面边长是 1,侧棱长为 $\sqrt{5}$,则此棱锥的体积为(　　).

　　A.$6\sqrt{3}$　　　　　　B.$2\sqrt{3}$　　　　　　C.$\sqrt{3}$　　　　　　D.2

9.已知三棱锥的 3 个侧面与底面都是等边三角形,求其侧面和底面所成角的余弦值.

10.求各条棱长都为 2 的正四棱锥的体积.

11.一个正三棱柱的侧面展开图是一个边长为 9 的正方形,求此三棱柱的体积.

17.2　旋转体的表面积、体积

知识点

圆柱、圆锥和球的表面积和体积.

例题分析

【例1】　已知圆柱的轴截面是一个边长为 4 m 的正方形,求它的表面积和体积.

解:由圆柱的性质可知,圆柱的高 $h = 4$ m,底面圆半径 $r = 2$(m)

则圆柱的侧面积 $S = 2\pi rh = 2\pi \times 2 \times 4 = 16\pi$(m^2)

故圆柱的表面积 $S_{表} = S_{侧} + 2S_{底} = 16\pi + 2 \times \pi \times 2^2 = 24\pi$(m^2)

圆柱的体积 $V = \pi r^2 h = \pi \times 2^2 \times 4 = 16$(m^3)

【例2】　已知圆锥的母线长 l 为 5 cm,圆锥的高 h 为 4 cm,求该圆锥的体积.

解:$r = \sqrt{l^2 - h^2} = \sqrt{5^2 - 4^2} = 3$(cm)

故圆锥的体积 $V_{圆锥} = \dfrac{1}{3}\pi r^2 h = \dfrac{1}{3}\pi \times 3^2 \times 4 = 12\pi$(cm^3)

【例3】　如右图所示,一个圆锥形的空杯子上放着一个半球形冰淇淋,杯子高 $h = 12$ cm,半径 $r = 4$ cm.若冰淇淋融化后,会不会溢出杯子?

分析:本题转化为比较半球冰淇淋的体积和圆锥形杯子的容积的大小.

解:因为 $R_{球} = 4$,$r_{圆锥} = 4$,$h = 12$

所以 $V_{半球} = \dfrac{1}{2} \times \dfrac{4}{3}\pi \times R^3 = \dfrac{1}{2} \times \dfrac{4}{3}\pi \times 4^3 = \dfrac{128}{3}\pi$

$V_{圆锥} = \dfrac{1}{3}\pi r^2 h = \dfrac{1}{3}\pi \times 4^2 \times 12 = 64\pi$

$V_{半球} < V_{圆锥}$,所以冰淇淋融化后,不会溢出杯子.

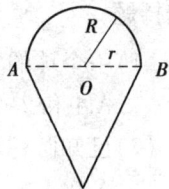

练习

1.已知圆柱的底面半径为 3,母线长为 6,则该圆柱的表面积为_____,体积为_____.

2.已知圆锥的底面半径为 2,母线长为 4,则该圆柱的表面积为_____,体积为_____.

3.若圆柱的轴截面面积为 4,体积为 10π,则它的底面半径是(　　).

　　A.2π　　　　　　　　B.5　　　　　　　　C.4π　　　　　　　　D.20

4.若圆锥的高等于底面的直径,则它的底面积与侧面积的比为(　　).

　　A.$1:\sqrt{2}$　　　　　　　　　　　　　B.$1:\sqrt{3}$

　　C.$1:2$　　　　　　　　　　　　　　　D.$1:\sqrt{5}$

5.已知球的直径为6,则球的表面积为(　　).

A.9π　　　　　　　　B.36π　　　　　　　　C.144π　　　　　　　　D.288π

6.把球的表面积扩大到原来的2倍,那么体积扩大到原来的(　　).

A.2倍　　　　　　　B.2√2倍　　　　　　　C.√2倍　　　　　　　D.∛2倍

7.长、宽分别为12和8的矩形铁皮所围成的圆柱体的体积为(　　).

A.$\dfrac{288}{\pi}$　　　　　　B.$\dfrac{192}{\pi}$　　　　　　C.$\dfrac{288}{\pi}$或$\dfrac{192}{\pi}$　　　　　D.都不是

8.已知圆锥的母线长 l 为 2 cm,圆锥的高 h 为 1 cm,求该圆锥的体积.

9.长方体一个顶点上3条棱的长分别为3,4,5,且它的8个顶点在同一球面上,求这个球的体积.

自测题

1.选择题

(1)一个球的直径增大为原来的2倍,则体积和表面积分别增大为原来的(　　)倍.

A.4和2　　　　　B.8和2　　　　　C.8和4　　　　　D.16和8

(2)已知圆柱和圆锥的底面积和高都相等,则它们的体积之比为(　　).

A.1:1　　　　　B.1:3　　　　　C.3:1　　　　　D.2:1

(3)已知3个球的表面积之比为1:4:9,则它们的体积之比为(　　).

A.1:2:3　　　　B.1:4:9　　　　C.2:3:4　　　　D.1:8:27

(4)一个球和一个正方体的体积相等,两者的表面积(　　)更大.

A.不能比较　　　B.球　　　　　C.正方体　　　　D.一样大

(5)下列说法中,正确的是(　　).

A.圆锥的体积等于圆柱体积的$\dfrac{1}{3}$

B.圆柱的体积大于与它等底等高的圆锥的体积

C.圆柱的体积小于与它等底等高的圆锥的体积

D.圆锥的高是圆柱的高的3倍,它们的体积一定相等

(6)下列说法中,不正确的是(　　).

A.球面上的3个不同的点,不可能在一条直线上

B.在空间内,与定点的距离等于定长的点的集合是球面

C.过球面上两个不同的点,只能作一个大圆

D.球的体积是这个球的表面积与球的半径乘积的$\dfrac{1}{3}$

(7)下列 4 个命题中,正确命题的个数为(　　).

①各侧面是全等的等腰三角形的四棱锥是正棱锥.

②底面是正多边形的棱锥是正棱锥.

③棱锥的所有面都有可能是直角三角形.

④四棱锥中侧面最多有 4 个直角三角形.

A.1 个　　　　　　　B.2 个　　　　　　　C.3 个　　　　　　　D.4 个

(8)底面是正方形的直四棱柱的侧面积是 32 cm^2,表面积是 64 cm^2,则它的体积为(　　).

A.8 cm^3

B.16 cm^3

C.24 cm^3

D.32 cm^3

(9)棱长为 a 的正方体的外接球的表面积为(　　).

A.πa^2

B.$4\pi a^2$

C.$3\pi a^2$

D.$12\pi a^2$

(10)一个圆柱底面半径为 R,侧面积等于两底面积之和,则它的高为(　　).

A.$\dfrac{1}{2}R$　　　　　　B.R　　　　　　C.$\sqrt{2}R$　　　　　　D.R^2

(11)已知球的大圆周长是 π,则这个球的表面积是(　　).

A.$\dfrac{\pi}{4}$　　　　　　B.4π　　　　　　C.2π　　　　　　D.π

(12)已知球的大圆周长是 4π,则这个球的体积是(　　).

A.$\dfrac{16}{3}\pi$　　　　　B.$\dfrac{4}{3}\pi$　　　　　C.$\dfrac{32}{3}\pi$　　　　　D.4π

(13)若一个正方体的所有顶点都在一个球面上,则该球与该正方体的体积之比为(　　).

A.$\dfrac{2\sqrt{2}}{3}\pi$　　　　B.$\sqrt{3}\pi$　　　　C.$\dfrac{\sqrt{3}}{2}\pi$　　　　D.$\dfrac{\sqrt{2}}{3}\pi$

(14)已知底面边长为 6 的正三棱锥的体积为 $9\sqrt{2}$,则此正三棱锥的高为(　　).

A.$6\sqrt{6}$　　　　B.$3\sqrt{6}$　　　　C.$2\sqrt{6}$　　　　D.$\sqrt{6}$

(15)一个正三棱锥的底面边长是 12 cm,侧面与底面所成的二面角是 60°,则它的体积为(　　).

A.$36\sqrt{3}$　　　　B.$72\sqrt{3}$　　　　C.$216\sqrt{3}$　　　　D.$24\sqrt{3}$

(16)圆锥的轴截面顶角是 $\dfrac{2}{3}\pi$,过顶点的截面面积的最大值是 4,则它的侧面积是(　　).

A.$4\sqrt{3}\pi$　　　　B.$2\sqrt{3}\pi$　　　　C.8π　　　　D.4π

(17)已知正方体外接球的体积是 $\dfrac{32}{3}\pi$,则该正方体的棱长等于(　　).

A.$\dfrac{2\sqrt{2}}{3}$　　　　B.$\dfrac{4\sqrt{2}}{3}$　　　　C.$\dfrac{4\sqrt{3}}{3}$　　　　D.$2\sqrt{2}$

2.填空题

(1)一个长方体的长是 12 cm,宽是 9 cm,高是 8 cm,则这个长方体对角线的长等于_____.

(2)正四棱锥底面边长为 3,体积为 $\dfrac{9\sqrt{3}}{2}$,则它的侧面与底面所成角的大小为_____.

(3)一个正四棱锥 S-ABCD 的高 SO 和底面边长都是 4,则它的侧面积等于_____.

(4)球的大圆周长是 8 cm,则球的表面积为_____,球的体积为_____.

3.解答题

(1)正三棱锥中,侧棱长是底面边长的 2 倍,求侧棱与底面所成角的余弦值.

(2)一个正三棱锥,底面三角形的边长为 3,高为 2,求这个正三棱锥的体积.

(3)底面半径为 5 cm 的圆柱形容器内,放有两个直径是 5 cm 的小球,取出小球后,水面将下降多少?

(4)已知过球面上 A,B,C 3 点的截面和球心的距离是球半径的 1/2,且 $AB = BC = CA = 6$ cm,求这个球的表面积.

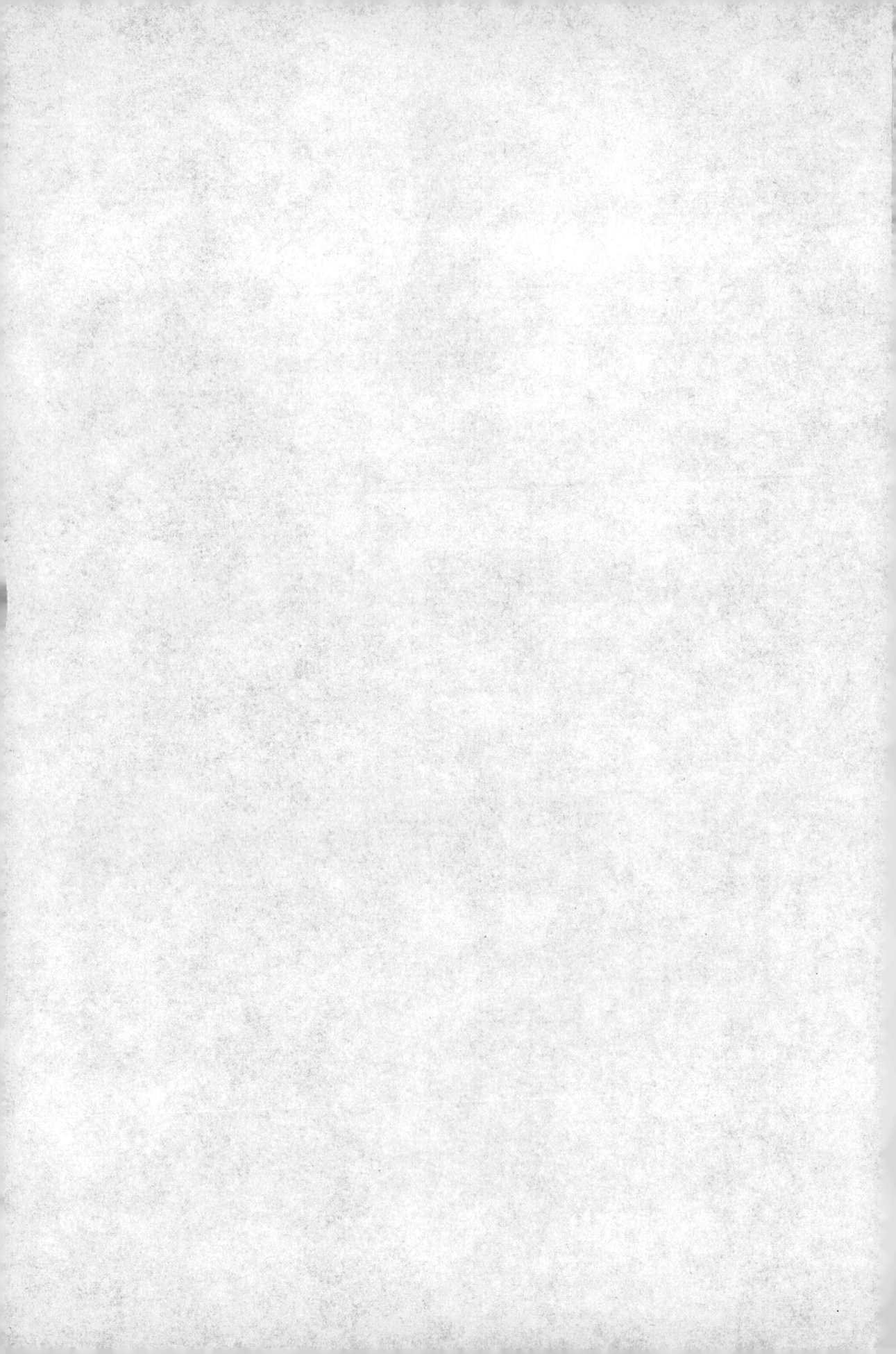

成人高等学校招生全国统一考试

数学模拟题一

一、选择题:本大题共 17 小题,每小题 5 分,共 85 分.在每小题给出的四个选项中,只有一项是符合题目要求的,将所选选项前面的字母填在题后的(   )里.

1.设集合 $M=\{1,2,3,4,5\}$,$N=\{2,4,6\}$,$T=\{4,5,6\}$,则 $(M \cap T) \cup N =$(   ).

A.$\{2,4,5,6\}$ B.$\{1,2,3,4,5,6\}$ C.$\{2,4,6\}$ D.$\{4,5,6\}$

2.函数 $y=\dfrac{1}{5-x}$ 的定义域为(   ).

A.$(-\infty,5)$ B.$(-\infty,+\infty)$

C.$(5,+\infty)$ D.$(-\infty,5) \cup (5,+\infty)$

3.若 $\dfrac{\pi}{2}<\theta<\pi$,$\sin\theta=\dfrac{1}{4}$,则 $\cos\theta=$(   ).

A.$-\dfrac{\sqrt{15}}{4}$ B.$-\dfrac{\sqrt{15}}{16}$ C.$\dfrac{\sqrt{15}}{16}$ D.$\dfrac{\sqrt{15}}{4}$

4.已知平面向量 $\vec{a}=(1,1)$,$\vec{b}=(1,-1)$,则两向量的夹角为(   ).

A.$\dfrac{\pi}{6}$ B.$\dfrac{\pi}{4}$ C.$\dfrac{\pi}{3}$ D.$\dfrac{\pi}{2}$

5.下列函数在各自定义域中为增函数的是(   ).

A.$y=1-x$ B.$y=1+x^2$ C.$y=1+2^{-x}$ D.$y=1+2^x$

6.若 a,b,c 为实数,且 $a \neq 0$,设甲:$b^2-4ac \geq 0$,乙:$ax^2+bx+c=0$ 有实数根,则(   ).

A.甲是乙的必要条件,但不是乙的充分条件

B.甲是乙的充分条件,但不是乙的必要条件

C.甲不是乙的充分条件,也不是乙的必要条件

D.甲是乙的充分必要条件

7.已知一次函数 $y=2x+b$ 的图像经过点 $(-2,1)$,则该图像也经过点(   ).

A.$(1,-3)$ B.$(1,7)$ C.$(1,-1)$ D.$(1,5)$

8.已知 $\sin\theta=-\dfrac{3}{5}\left(\pi<\theta<\dfrac{3\pi}{2}\right)$,则 $\cos\left(\theta+\dfrac{\pi}{6}\right)=$(   ).

A.$\dfrac{-4\sqrt{3}-3}{10}$ B.$\dfrac{3-4\sqrt{3}}{10}$ C.$\dfrac{-4+3\sqrt{3}}{10}$ D.$\dfrac{3+4\sqrt{3}}{10}$

24.(本小题满分 12 分)设函数 $f(x)=x^3-3x^2-9x$,求:

(1)函数 $f(x)$ 的导数;

(2)函数 $f(x)$ 在区间 $[1,4]$ 的最大值与最小值.

25.(本小题满分 13 分)设椭圆的焦点为 $F_1(-\sqrt{3},0)$,$F_2(\sqrt{3},0)$,其长轴长为 4,

(1)求椭圆方程;

(2)设直线 $y=\dfrac{\sqrt{3}}{2}x+m$ 与椭圆有两个不同的交点,其中一个交点的坐标是 $(0,1)$,求另一个交点的坐标.

成人高等学校招生全国统一考试

数学模拟题二

一、选择题:本大题共 17 小题,每小题 5 分,共 85 分.在每小题给出的四个选项中,只有一项是符合题目要求的,将所选选项前面的字母填在题后的( )里.

1.设集合 $M=\{x|-1\le x\le 2\}$,$N=\{x|x\le 1\}$,则集合 $M\cap N=(\quad)$.

A.$\{x|x>-1\}$ B.$\{x|x>1\}$ C.$\{x|1\le x\le 2\}$ D.$\{x|-1\le x\le 1\}$

2.若 $\dfrac{\pi}{2}<\theta<\pi$,则 $\sqrt{\sin^2\theta-\sin^4\theta}=(\quad)$.

A.$\sin\theta\cos\theta$ B.$-\sin\theta\cos\theta$ C.$\sin 2\theta$ D.$-\sin 2\theta$

3.函数 $y=\sqrt{1-|x|}$ 的定义域为( ).

A.$\{x|x\ge 1\}$ B.$\{x|x>1\}$

C.$\{x|x\le 1\}$ D.$\{x|x\le -1$ 或 $x\ge 1\}$

4.设命题甲:$k=1$,命题乙:直线 $y=kx$ 与直线 $y=x+1$ 平行,则( ).

A.甲是乙的必要条件,但不是乙的充分条件

B.甲是乙的充分条件,但不是乙的必要条件

C.甲既不是乙的充分条件,也不是乙的必要条件

D.甲是乙的充分必要条件

5.设 $\log_3 4\cdot\log_4 3\cdot\log_3 m=\log_4 16$,则 m 的值为( ).

A.$\dfrac{9}{2}$ B.9   C.18   D.27

6.设 $f(x)$ 是反比例函数,且 $f(-2)=4$,则( ).

A.$f(x)=\dfrac{4}{x}$ B.$f(x)=-\dfrac{4}{x}$ C.$f(x)=\dfrac{8}{x}$ D.$f(x)=-\dfrac{8}{x}$

7.若 $\sin\theta+\cos\theta=\dfrac{4}{5}$,则 $\tan\theta+\cot\theta$ 的值是( ).

A.$-\dfrac{25}{9}$ B.$-\dfrac{9}{50}$ C.$-\dfrac{50}{9}$ D.$\dfrac{25}{9}$

8.若 $z=-3-4i$,则 $\dfrac{1}{z}$ 的虚部是( ).

A.$\dfrac{4}{5}$ B.$\dfrac{4}{5}i$ C.$\dfrac{4}{25}$ D.$\dfrac{4}{25}i$

9.下列函数中,是奇函数的是( ).

A.$y=\sin x+\dfrac{1}{x}$ B.$y=\cos x+\dfrac{1}{x}$ C.$y=\sin x+\sqrt{x}$ D.$y=\cos x+\sqrt{x}$

24.(本小题满分 12 分)设函数 $f(x)=\dfrac{1}{3}x^3+\dfrac{1}{2}ax^2+bx$ 在 $x=-3$ 和 $x=1$ 时取得极值,

  (1)求 a,b 的值;

  (2)说明 $x=-3$ 和 $x=1$ 时函数取得极大值还是极小值,并求出函数的极大值和极小值.

25.(本小题满分 13 分)已知 F 是椭圆 $\dfrac{x^2}{25}+\dfrac{y^2}{9}=1$ 的右焦点,点 M 在抛物线 $y^2=2px$ 上,O 为

  坐标原点,且 $\triangle MOF$ 是正三角形,

  (1)求 p 的值;

  (2)求抛物线的焦点坐标和准线方程.

成人高等学校招生全国统一考试

数学模拟题三

一、选择题:本大题共 17 小题,每小题 5 分,共 85 分.在每小题给出的四个选项中,只有一项是符合题目要求的,将所选选项前面的字母填在题后的(　　)里.

1.设集合 $M=\{x|x^2-2x-3<0\}$,$N=\{x||x-2|>2\}$,则集合 $M\cap N=$(　　).

   A.$\{x|-1<x<0\}$ B.$\{x|-3<x<0\}$ C.$\{x|0<x<1\}$ D.$\{x|0<x<3\}$

2.已知向量 $\vec{a}=(1,5,-2)$,$\vec{b}=(m,2,m+2)$,$\vec{a}\perp\vec{b}$,则 m 的值为(　　).

   A.0   B.-6 C.6   D.1

3.$z=\dfrac{-2}{1+\sqrt{3}i}$,i 是虚数单位,则 $\arg z$ 等于(　　).

   A.$\dfrac{5\pi}{3}$ B.$\dfrac{4\pi}{3}$ C.$\dfrac{2\pi}{3}$ D.$\dfrac{\pi}{3}$

4.$\left(\dfrac{1}{2}\right)^{n+1}$ 是等比数列 $1,\dfrac{1}{2},\dfrac{1}{4},\dfrac{1}{8},\cdots$ 的(　　).

   A.第 n 项   B.第 $n+1$ 项   C.第 $n+2$ 项   D.第 $n+3$ 项

5.$\left(x^2+\dfrac{1}{x}\right)^4$ 展开式中的常数项为(　　).

   A.6   B.12   C.15   D.30

6.设 $\alpha\in\left(\dfrac{3\pi}{2},2\pi\right)$,$\cos\alpha=\dfrac{3}{5}$ 为第二象限的角,则 $\sin 2\alpha=$(　　).

   A.$\dfrac{8}{25}$ B.$\dfrac{9}{25}$ C.$\dfrac{12}{25}$ D.$\dfrac{24}{25}$

7.若 α,β 是两个相交平面,点 A 不在 α 内,也不在 β 内,则过 A 且与 α 和 β 都平行的直线(　　).

   A.只有一条   B.只有两条   C.只有 4 条   D.有无数条

8.不等式 $0.3^{2x^2}>0.3^{x^2+4}$ 的解集为(　　).

   A.$\{x|x>2\}$ B.$\{x|x<-2\}$ C.$\{x|x<-2$ 或 $x>2\}$ D.$\{x|-2<x<2\}$

9.已知 $f(x)$ 为偶函数,当 $x>0$ 时,$f(x)=4-2x$,则 $f(-1)$ 等于(　　).

   A.6   B.-6 C.2   D.-2

10.圆 $x^2+y^2=4$ 与点 $M(3,2)$ 成中心对称的曲线方程是(　　).

   A.$(x-3)^2+(y-2)^2=4$ B.$(x+3)^2+(y+2)^2=4$

   C.$(x-6)^2+(y-4)^2=4$ D.$(x+6)^2+(y+4)^2=4$

24.(本小题满分 12 分)若双曲线 $\dfrac{x^2}{a^2} - \dfrac{y^2}{b^2} = 1$ 的两条准线将两个焦点的连线分成三等分,求双曲线的离心率.

25.(本小题满分 13 分)设函数 $f(x) = \dfrac{1}{3}x^3 + \dfrac{1}{2}ax^2 + bx$ 在 $x = -3$ 和 $x = 1$ 时取得极值,

(1)求 a,b 的值;

(2)说明 $x = -3$ 和 $x = 1$ 时函数取得极大值还是极小值,并求出函数的极大值和极小值.

成人高等学校招生全国统一考试

数学模拟题四

一、选择题:本大题共 17 小题,每小题 5 分,共 85 分.在每小题给出的四个选项中,只有一项是符合题目要求的,将所选选项前面的字母填在题后的(　　)里.

1.已知集合 $A=\{2,3,4\}$,$B=\{2,4,6,8\}$,则 $A\cap B=($　　$)$.

　　A.$\{2\}$　　　　　　B.$\{2,4\}$　　　　　　C.$\{2,4,6,8\}$　　　　　　D.$\{3,6,8\}$

2."$a=0$ 且 $b=0$"是"$a^2+b^2=0$"的(　　).

　　A.充分而不必要条件　　　　　　　　　　B.必要而不充分条件

　　C.充分必要条件　　　　　　　　　　　　D.既不充分也不必要条件

3.不等式 $|x-2|<1$ 的整数解的个数为(　　).

　　A.2 个　　　　　　B.0 个　　　　　　C.1 个　　　　　　D.2 个以上

4.$27^{\frac{3}{2}}-\log_2 8=($　　$)$.

　　A.12　　　　　　B.6　　　　　　C.3　　　　　　D.1

5.函数 $y=\sqrt{\dfrac{x+1}{6-2x}}$ 的定义域为(　　).

　　A.$(3,+\infty)$　　　　B.$(-1,3)$　　　　C.$(-\infty,-1]$　　　　D.$[-1,3)$

6.下列函数在其定义域内为偶函数的是(　　).

　　A.$f(x)=\sin x$　　B.$f(x)=2^x$　　C.$f(x)=\dfrac{x^2}{x^2-1}$　　D.$f(x)=\dfrac{(x-1)^2}{x^2}$

7.定义域在 **R** 上的偶函数 $f(x)$ 在 $(0,+\infty)$ 上是增函数,则有(　　).

　　A.$f(3)<f(-4)<f(-\pi)$　　　　　　　　B.$f(-\pi)<f(-4)<f(3)$

　　C.$f(3)<f(-\pi)<f(-4)$　　　　　　　　D.$f(-4)<f(-\pi)<f(3)$

8.函数 $y=2x+1$ 的反函数为(　　).

　　A.$y=\dfrac{x+1}{2}$　　B.$y=\dfrac{x-1}{2}$　　C.$y=2x-1$　　D.$y=1-2x$

9.2 和 8 的等比中项是(　　).

　　A.5　　　　　　B.±5　　　　　　C.4　　　　　　D.±4

24.(本小题满分 12 分)已知函数 $f(x) = x + \dfrac{4}{x}$,求:

（1）$f(x)$ 的定义域和单调区间；

（2）$f(x)$ 在区间 $[1,4]$ 上的最大值和最小值.

25.(本小题满分 13 分)已知椭圆的两个焦点 F_1, F_2 在 x 轴上,长轴长为 4,离心率为 $\dfrac{\sqrt{3}}{2}$,

（1）求椭圆的标准方程；

（2）设直线 $y = \dfrac{\sqrt{3}}{2}x + 1$ 与椭圆相交于 A, B 两点,求 $|AB|$.

成人高等学校招生全国统一考试

数学模拟题五

一、选择题:本大题共 17 小题,每小题 5 分,共 85 分.在每小题给出的四个选项中,只有一项是符合题目要求的,将所选选项前面的字母填在题后的(　　)里.

1.已知集合 $A=\{a,c\}$,$B=\{a,b,c,e\}$,则 $A\cup B=$(　　).

    A.$\{a,c\}$　　　　　　　　B.$\{b,e\}$　　　　　　　　C.$\{a,b,c,e\}$　　　　　　D.$\{a,b,c,d,e\}$

2."$x=3$"是"$x^2-x-6=0$"的(　　).

    A.充分而不必要条件　　　　　　　　　　　B.必要而不充分条件

    C.充分必要条件　　　　　　　　　　　　　D.既不充分也不必要条件

3.不等式 $|x-3|<x-1$ 的解集为(　　).

    A.$\{x|2<x<5\}$　　　　B.$\{x|x\geq36\}$　　　　C.$\{x|x>2\}$　　　　D.$\{x|2<x\leq3\}$

4.下列运算中正确的是(　　).

    A.$\log_2 3\cdot\log_2 5=\log_2 15$　　　　　　　　B.$\log_2 3\cdot\log_2 5=\log_2 8$

    C.$\dfrac{\log_2 3}{\log_2 5}=\log_5 3$　　　　　　　　　　D.$\dfrac{\log_2 3}{\log_2 5}=\log_2\left(\dfrac{3}{5}\right)$

5.函数 $y=\sqrt{9-3x}+\lg(2x-4)$ 的定义域为(　　).

    A.$(2,3]$　　　　　　　　　　　　　　　B.$(2,3)$

    C.$[2,3]$　　　　　　　　　　　　　　　D.$(-\infty,2)\cup[3,+\infty)$

6.已知函数 $f(x)=x+\dfrac{3}{x}(x\neq0)$,则此函数是(　　).

    A.奇函数　　　　　　　　　　　　　　　B.偶函数

    C.既是奇函数又是偶函数　　　　　　　　D.既不是奇函数又不是偶函数

7.已知 $a^{\frac{3}{2}}<a^{\sqrt{2}}$,则 a 的取值范围是(　　).

    A.$(0,1)$　　　　　　　　B.$(-\infty,0)$　　　　　　C.$(1,+\infty)$　　　　　　D.$(1,2)$

8.函数 $y=2\log_2 x(x>0)$ 的反函数为(　　).

    A.$y=2^{\sqrt{x}}(x\geq0)$　　　　　　　　　B.$y=\sqrt{2^x}(x\in\mathbf{R})$

    C.$y=2^{x-1}(x\in\mathbf{R})$　　　　　　　　D.$y=2^{x+1}(x\in\mathbf{R})$

9.若 $\lg 2,\lg a,\lg 8$ 成等差数列,则 a 的值为(　　).

    A.4　　　　　　　　　　B.4 或-4　　　　　　　　C.16　　　　　　　　　　D.-4

24.(本小题满分 12 分)已知函数 $f(x)=x^4-2x^2+3$,求:

(1)函数曲线在点 $(2,11)$ 处的切线方程;

(2)$f(x)$ 的单调区间.

25.(本小题满分 13 分)已知椭圆 $\dfrac{x^2}{5}+y^2=1$ 的焦点为 F_1,F_2,过左焦点 F_1 的直线 L 的倾斜角

为 $\dfrac{\pi}{4}$,且直线与椭圆交于 A,B 两点,求:

(1)直线 L 的方程;

(2)$|AB|$.

22.(本小题满分 12 分)已知 $\triangle ABC$ 中,$\angle A = 190°$,$AB = AC$,$BC = 4\sqrt{3}$,求 $\triangle ABC$ 的面积.

23.(本小题满分 12 分)在等比数列 $\{a_n\}$ 中,$a_3 = 9$,$a_2 + a_4 = 54$,求:

(1)$\{a_n\}$ 的通项公式;

(2)$\{a_n\}$ 的前 n 项和 S_n.

10. i 为虚数单位,则 $(2-3i)(2+3i)=($).

    A. $12-13i$ B. $-5i$ C. $12+5i$ D. $12-5i$

11. 函数 $y=-5\sin 3x$ 的周期是( ).

    A. $\dfrac{2}{3}\pi$ B. $\dfrac{\pi}{3}$ C. 3π D. $\dfrac{\pi}{6}$

12. 已知 $\sin\alpha=\dfrac{4}{5}$,则 $\sin(\pi+\alpha)=($).

    A. $\dfrac{4}{5}$ B. $-\dfrac{4}{5}$ C. $\dfrac{3}{5}$ D. $-\dfrac{3}{5}$

13. 已知向量 $\vec{a}=(3,4),\vec{b}=(0,-2)$,则 $\cos<\vec{a},\vec{b}>$ 的值为( ).

    A. $\dfrac{4}{5}$ B. $-\dfrac{4}{5}$ C. $\dfrac{2}{25}$ D. $-\dfrac{2}{25}$

14. 若 $A(3,-2),B(5,-4)$,则直线 AB 的垂直平分线的方程是( ).

    A. $x-y-7=0$ B. $x-y+7=0$ C. $2x-y-11=0$ D. $x+2y+2=0$

15. 将一个体积为 $\dfrac{\sqrt{3}}{3}\pi$ 的圆锥沿其高线剖开,得到的截面是正三角形,则这个三角形的面积为( ).

    A. 3 B. $\sqrt{3}$ C. $\dfrac{\sqrt{3}}{3}$ D. $\dfrac{1}{3}$

16. 在 $\left(\sqrt{x}+\dfrac{2}{x}\right)^n$ 的展开式中,含 x^4 项的系数为 60,则 $n=($).

    A. 3 B. 6 C. 9 D. 12

17. 从甲口袋内摸出一个红球的概率是 0.2,从乙口袋内摸出一个红球的概率是 0.3,现从甲、乙两个口袋内各摸出一个球,则这两个球都是红球的概率是( ).

    A. 0.94 B. 0.56 C. 0.38 D. 0.06

二、填空题: 本大题共 4 小题,每小题 4 分,共 16 分.把答案写在_____上.

18. 向量 $\vec{a}=(0,0,1)$ 与向量 $\vec{b}=(-2,2,-1)$ 夹角的余弦值为_____.

19. 设函数 $f(x+1)=x+2\sqrt{x}+1$,则 $f(x)=$_____.

20. 已知 $z=1+2i$,i 为虚数单位,则 $z+\bar{z}=$_____.

21. 已知随机变量 ξ 的分布是

ξ	-1	0	1	2
P	$\dfrac{1}{3}$	$\dfrac{1}{4}$	$\dfrac{1}{6}$	$\dfrac{1}{4}$

    $E(\xi)=$_____.

22.(本小题满分 12 分)在 $\triangle ABC$ 中,已知 $a=12,b=15,c=10$,试判断 $\triangle ABC$ 的形状.

23.(本小题满分 12 分)已知数列 $\{a_n\}$ 的前 n 项和 $S_n=n^2+\dfrac{1}{2}n$,求:

(1) $\{a_n\}$ 的前 3 项;

(2) $\{a_n\}$ 的通项公式.

10.复数 $\dfrac{2i}{1-i}=$（   ）.

    A.$1+i$ B.$1-i$ C.$-1-i$ D.$-1+i$

11.$y=\sin 2x$ 的最小正周期是（   ）.

    A.$\dfrac{\pi}{2}$ B.π C.2π D.4π

12.$\cos\dfrac{17}{3}\pi=$（   ）.

    A.$\dfrac{1}{2}$ B.$-\dfrac{1}{2}$ C.$\dfrac{\sqrt{3}}{2}$ D.$-\dfrac{\sqrt{3}}{2}$

13.已知向量 $\vec{a}=(1,8),\vec{b}=(m,3)$，且 $\vec{a}\perp\vec{b}$，则 $m=$（   ）.

    A.$\dfrac{3}{5}$ B.-6 C.3 D.-27

14.过点 $(0,1)$ 且与直线 $2x+y-1=0$ 垂直的直线方程是（   ）.

    A.$x-2y+2=0$ B.$x-2y+1=0$

    C.$2x-y+2=0$ D.$2x-y+1=0$

15.设正方体的表面积为 $216\ \text{cm}^2$，则该正方体的外接球的表面积为（   ）cm^2.

    A.36π B.72π C.108π D.144π

16.在 $\left(x-\dfrac{1}{\sqrt{x}}\right)^3$ 的展开式中，常数项是（   ）.

    A.3 B.6 C.-3 D.-6

17.掷一对骰子一次，得到 11 点的概率为（   ）.

    A.$\dfrac{1}{18}$ B.$\dfrac{1}{6}$ C.$\dfrac{1}{3}$ D.$\dfrac{1}{2}$

二、填空题: 本大题共 4 小题，每小题 4 分，共 16 分.把答案写在＿＿＿＿＿＿上.

18.已知两个向量 $\vec{a}=(m,-2,5),\vec{b}=(1,0,3)$，若 $\vec{a}\perp\vec{b}$，则 $m=$＿＿＿＿＿＿.

19.二次函数 $y=x^2+4x+k$ 的最小值等于 3，则 k 的值等于＿＿＿＿＿＿.

20.复数 $z=-5-3i$ 的共轭复数 $\bar{z}=$＿＿＿＿＿＿.

21.某 5 位学生的身高（单位:m）分别为 1.68,1.62,1.59,1.72,1.61，则他们的平均身高为

    ＿＿＿＿＿＿.

22.(本小题满分 12 分)在 $\triangle ABC$ 中 $\angle B = 60°$,$AC = 2$,$\triangle ABC$ 的面积 $S = \sqrt{3}$,求 AB,BC 的长.

23.(本小题满分 12 分)等差数列 $\{a_n\}$ 的通项公式为 $a_n = 3n - 1$,每相邻的两项之间插入一个数,构成新的等差数列 $\{b_n\}$,求:

(1)$\{b_n\}$ 的通项公式;

(2)$\{b_n\}$ 前 10 项的和.

11.如果椭圆的一个焦点与短轴的两个端点的连线互相垂直,则这个椭圆的离心率是( ).

A.$\dfrac{1}{2}$ B.$\dfrac{\sqrt{2}}{2}$ C.$\dfrac{1}{4}$ D.$\dfrac{\sqrt{3}}{2}$

12.设命题甲:$\tan\alpha=\tan\beta$,命题乙:$\alpha=\beta$,则( ).

A.甲是乙的必要条件,但不是乙的充分条件

B.甲是乙的充分条件,但不是乙的必要条件

C.甲既不是乙的充分条件,也不是乙的必要条件

D.甲是乙的充分必要条件

13.函数$y=\cos^2 x-\sin^2 x+2\sin x\cos x$的最小正周期和最大值分别是( ).

A.2π 和$\sqrt{2}$ B.2π 和$\sqrt{5}$ C.π 和$\sqrt{2}$ D.π 和$\sqrt{5}$

14.已知正三棱锥 $S\text{-}ABC$ 的三个侧面均为等腰直角三角形,且底面边长为2,则此棱锥的体积为( ).

A.$\dfrac{1}{6}$ B.$\dfrac{\sqrt{2}}{6}$ C.$\dfrac{\sqrt{3}}{6}$ D.$\dfrac{\sqrt{3}}{3}$

15.已知函数$f(x)=3^x$,那么函数$f(x)$的反函数$f^{-1}(x)$的定义域为( ).

A.$\{x|x>1\}$ B.$\{x|x>0\}$

C.$\{x|x>0$ 且 $x\neq 1\}$ D.**R**

16.椭圆$\begin{cases}x=4\cos\theta\\y=3\cos\theta\end{cases}$($\theta$为参数)的准线方程为( ).

A.$x=\pm\dfrac{16}{7}\sqrt{7}$ B.$x=\pm\dfrac{16}{5}$ C.$x=\pm\dfrac{\sqrt{7}}{16}$ D.$x=\pm\dfrac{5}{16}$

17.在一次共有20人参加的同学聚会上,如果每两个人握手一次,那么这次聚会共握手( ).

A.400 次 B.380 次 C.240 次 D.190 次

二、填空题:本大题共4小题,每小题4分,共16分.把答案写在_____上.

18.设$f\left(\dfrac{x}{2}\right)=\dfrac{1}{4}x^2-x$,则$f(x)=$_____.

19.函数$f(x)=x^3-2x-9x+31$的驻点为_____.

20.设α是直线$y=-\sqrt{3}x+2$的倾斜角,则$\cos\alpha$的值是_____.

21.从某公司生产的安全带中随机抽取10条进行断力测试,测试结果(单位:kg)如下:

3722,3872,4004,4012,3972,3778,4022,4006,3986,4026

则该样本的样本方差为_____(精确到0.1).

21.已知随机变量 ξ 的分布列是

ξ	0	1	2	3	4	5
P	0.1	0.2	0.3	0.2	0.1	0.1

则 $E(\xi)=$ _____.

三、解答题:本大题共 4 小题,共 49 分.解答应写出推理、演算步骤.

22.(本小题满分 12 分)在 $\triangle ABC$ 中,已知三边 $a=7,b=4\sqrt{3},c=\sqrt{13}$,求:

(1) $\triangle ABC$ 的最小角的大小;

(2) $\triangle ABC$ 的面积.

23.(本小题满分 12 分)已知等差数列 $\{a_n\}$ 的公差 $d\neq 0$,$a_1=\dfrac{1}{2}$,且 a_1,a_2,a_5 成等比数列,

(1)求 $\{a_n\}$ 的通项公式;

(2)若 $\{a_n\}$ 的前 n 项和 $S_n=50$,求 n.

10. 已知 $a < b$，下列式子不成立的是( )．

    A. $a+1 < b+1$ B. $3a < 3b$

    C. $-\dfrac{1}{2}a > -\dfrac{1}{2}b$ D. $c < 0$，那么 $\dfrac{a}{c} < \dfrac{b}{c}$

11. 已知 m, n 是不同的直线，α, β 是不同的平面，且 $m \perp \alpha, n \subset \beta$，则下列命题正确的是（ ）．

    A. 若 $\alpha /\!/ \beta$，则 $m \perp n$ B. 若 $\alpha \perp \beta$，则 $m /\!/ n$

    C. 若 $m \perp n$，则 $\alpha /\!/ \beta$ D. 若 $n /\!/ \alpha$，则 $\alpha /\!/ \beta$

12. 已知抛物线 $y^2 = 4x$ 上一点 P 到该抛物线的准线的距离为 5，则过点 P 和原点的直线的斜率为( )．

    A. $\dfrac{4}{5}$ 或 $-\dfrac{4}{5}$ B. $\dfrac{5}{4}$ 或 $-\dfrac{5}{4}$ C. 1 或 -1 D. $\sqrt{3}$ 或 $-\sqrt{3}$

13. 过 $P(4,8)$ 作圆 $x^2 + y^2 - 2x - 4y - 20 = 0$ 的割线，所得弦长为 8，则此割线所在直线方程为（ ）．

    A. $3x - 4y + 20 = 0$ 或 $y = 8$ B. $3x - 4y + 20 = 0$ 或 $x = 4$

    C. $3x + 4y - 44 = 0$ 或 $x = 4$ D. $4x - 3y + 8 = 0$ 或 $x = 4$

14. 如果二次函数 $y = x^2 + px + q$ 的图像经过原点和点 $(-4, 0)$，则该二次函数的最小值为（ ）．

    A. -8 B. -4 C. 0   D. 12

15. 在同一坐标系中，函数 $y = 2^{-x}$ 与 $y = \log_2 x$ 的图像是( )．

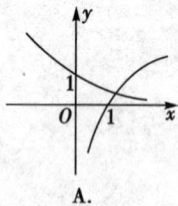

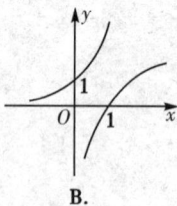

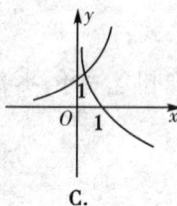

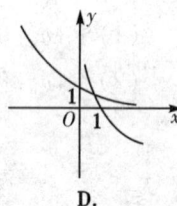

    A.   B.   C.   D.

16. 从 1，2，3，4，5 中任取 3 个数，组成的没有重复数字的三位数共有（ ）．

    A. 80 个   B. 60 个   C. 40 个   D. 30 个

17. 已知盒子中有散落的围棋棋子 15 粒，其中 6 粒为黑子，9 粒为白子，从中任意取出 2 粒恰好是同一颜色的概率是( )．

    A. $\dfrac{17}{35}$ B. $\dfrac{34}{35}$ C. $\dfrac{1}{7}$ D. $\dfrac{16}{105}$

二、填空题：本大题共 4 小题，每小题 4 分，共 16 分．把答案写在_____上．

18. 已知 $|\vec{a}| = 4$，$|\vec{b}| = 5$，向量 $\vec{a}$ 与向量 $\vec{b}$ 的夹角为 $\dfrac{\pi}{3}$，则 $\vec{a} \cdot \vec{b}$ 的值为_____．

19. $\left(x + \dfrac{1}{x}\right)^9$ 展开式中第四项为_____．

20. 曲线 $y = x^3 - 2x$ 在点 $(1, -1)$ 处的切线方程为_____．

22.(本小题满分 12 分)已知△ABC 中,$\angle A = 30°$,$AC = BC = 1$,求:

(1)AB;

(2)△ABC 的面积.

23.(本小题满分 12 分)已知数列 $\{a_n\}$ 的前 n 项和 $S_n = n^2 - 2n$,求:

(1)$\{a_n\}$ 的前三项;

(2)$\{a_n\}$ 的通项公式.

9.经过点 $B(0,3)$ 且与直线 $x+2y-3=0$ 垂直的直线方程为(   ).

    A.$2x-y-3=0$ B.$2x-y+3=0$ C.$2x+y-3=0$ D.$x+2y-6=0$

10.已知圆 $x^2+y^2+4x-8y+11=0$,经过点 $P(1,0)$ 作该圆的切线,切点为 Q,则线段 PQ 的长为

    (   ).

    A.4   B.8   C.10   D.16

11.下列函数为奇函数的是(   ).

    A.$y=\log_2 x$ B.$y=x^2$ C.$y=\sin x$ D.$y=3^x$

12.若 $0<\lg a<\lg b<2$,则(   ).

    A.$0<a<b<1$ B.$0<b<a<1$

    C.$0<b<a<100$ D.$1<a<b<100$

13.设两个正数 a,b 满足 $a+b=20$,则 ab 的最大值为(   ).

    A.400   B.200   C.100   D.50

14.函数 $y=-\dfrac{1}{2}\cos x+b$ 的最大值为 $\dfrac{3}{4}$,$b=$(   ).

    A.$\dfrac{5}{4}$ B.$\dfrac{1}{4}$ C.$\dfrac{1}{2}$ D.$\dfrac{\sqrt{5}}{4}$

15.已知 $\sin\theta>0$,则 $\cos\theta<0$,则角 θ 在(   ).

    A.第一象限   B.第二象限   C.第三象限   D.第四象限

16.将 5 本不同的历史书和 2 本不同的数学书排成一行,则 2 本数学书恰好在两端的概率为

    (   ).

    A.$\dfrac{1}{10}$ B.$\dfrac{1}{14}$ C.$\dfrac{1}{20}$ D.$\dfrac{1}{21}$

17.在等腰三角形 ABC 中,A 是顶角,且 $\cos A=-\dfrac{1}{2}$,则 $\cos B=$(   ).

    A.$\dfrac{\sqrt{3}}{2}$ B.$-\dfrac{\sqrt{3}}{2}$ C.$\dfrac{1}{2}$ D.$-\dfrac{1}{2}$

二、填空题:本大题共 4 小题,每小题 4 分,共 16 分.把答案写在_____上.

18.二次函数 $f(x)=x^2-4x-1$ 在区间 $[-1,4]$ 上的最大值为_____.

19.等比数列 $\{a_n\}$ 中,若 $a_2=8$,公比为 $\dfrac{1}{4}$,则 $a_5=$_____.

20.曲线 $y=x^2+3x+4$ 在点 $(-1,2)$ 处的切线方程为_____.

21.某中学 5 个学生的跳高成绩(单位:m)分别为 1.68,1.53,1.50,1.72,a,他们的平均成绩

    为 1.61 m,则 $a=$_____.